CINQUANTE
MERVEILLEUX SECRETS
D'ALCHIMIE

Aux Pauvres Hommes
Évangélisants

CINQUANTE·
MERVEILLEUX SECRETS
D'ALCHIMIE

AVEC

UNE ÉTUDE-PRÉFACE DE PAPUS

PAR

G. PHANEG

PROFESSEUR A L'ÉCOLE HERMÉTIQUE DE PARIS

PARIS
LIBRAIRIE GÉNÉRALE DES SCIENCES OCCULTES
BIBLIOTHÈQUE CHACORNAC
11, Quai Saint-Michel
1912

LETTRE PRÉFACE

MON CHER AMI,

Vous venez de composer un travail sur l'Alchimie pratique, ou mieux sur les éléments premiers des recherches alchimiques et vous me demandez de le présenter à nos habituels lecteurs.

L'Alchimie est une haute philosophie qui se libère aisément des expériences de laboratoire. L'expérience pour l'alchimiste est seulement la présentation sur le plan matériel d'une théorie astrale ou d'un appel de forces spirituelles.

La Palingénésie, les lampes au radium, les résurrections d'astraux sont les véritables travaux pratiques des alchimistes assistés par des guides spirituels.

Mais ces travaux pratiques de haute spiritualité ne peuvent s'accomplir sans un entraînement matériel, qui diffère des travaux courants de nos chimistes les plus éminents. Ce sont ces travaux que vous mettez à la portée des lecteurs studieux avec votre talent habituel.

Il faut insister sur ce fait que le véritable travail hermétique doit être accompli sur trois plans à la fois et qu'ainsi il se différencie d'un simple travail chimique.

Labora, Ora et Invenies, dit Khunrath. L'oratoire et l'exercice de la charité matérielle ou morale, la musique et son action sur les astraux, sont nécessaires à l'alchimiste autant que le laboratoire.

Votre travail vient à son heure. Il avancera le temps où le chimiste et l'alchimiste se comprendront enfin et où la Science qui est Une se reconstituera intacte par l'union de ses deux pôles aujourd'hui séparés.

Votre livre fera beaucoup penser et un peu travailler. Il est donc digne et de son auteur et du maître inconnu qui vous l'a inspiré.

Avec toutes mes félicitations, croyez-moi toujours, Mon Cher Phaneg, votre bien dévoué.

PAPUS.

PRÉFACE

L'ALCHIMIE

L'opinion courante sur l'Alchimie c'est que c'est un art mensonger tendant à faire artificiellement de l'or et qui a ruiné pas mal de naïfs à l'époque du moyen âge.

La première question qui se pose devant nous est donc de savoir comment il faut considérer cette Alchimie au point de vue de la science occulte.

Pour cela nous laisserons là, si vous voulez bien, les commentaires et les dissertations écrits sur l'alchimie dans les Encyclopédies contemporaines, et nous nous adresserons directement à ceux que les alchimistes considèrent comme les maîtres dans leurs sciences.

Prenons l'œuvre de Raymond Lulle, par exemple. Qu'y trouvons-nous ?

Toute autre chose que les règles de cet art spécial considéré comme l'unique préoccupation des alchimistes.

Dans tout ouvrage sérieux se rapportant à la philosophie hermétique nous trouverons en effet :

1

1° Une philosophie profonde servant de base à une synthèse naturelle, ayant comme point de départ la théorie de l'évolution étendue jusqu'au maximum et celle de l'unité de la substance et de l'unité du plan.

De là, l'axiome alchimique : εν το παν. Tout est dans tout;

2° Une application judicieuse des principes de la Kabbale hébraïque alliés à la tradition égyptienne et gnostique ;

3° Des pratiques nombreuses de physique, de chimie ou de biologie venant à l'appui de ces théories.

Vouloir donc ne voir dans l'alchimie que des pratiques chimiques, c'est mutiler de la façon la plus odieuse un enseignement complet dans lequel la pratique ne venait que comme justification de la théorie scientifique.

Un véritable alchimiste, c'était donc à la fois un médecin, un astronome et un astrologue, un philosophe, un Kabbaliste et un chimiste. Aussi les études étaient-elles très sérieuses et fort longues, transmises par l'initiation par le maître à un ou deux disciples favoris et soigneusement cachées aux profanes.

A côté de ces savants, des véritables philosophes hermétiques apparaissent des charlatans ignorants dont le but unique est l'acquisition des richesses matérielles. Ceux-là n'ont fait toujours que discréditer l'alchimie. Les quelques milliers de volumes écrits en français qui se trouvent dans nos bibliothèques sous la rubrique de philosophie hermétique comprennent donc :

1° Des traités d'histoire naturelle ;

2° Des traités de physique et de chimie ordinaires ;

3° Des traités d'alchimie proprement dite ou préparation de la pierre philosophale ;

4° Des traités de philosophie et de kabbale ou d'astrologie ;

5° Des sortes d'encyclopédies où tous ces genres se trouvent réunis.

Cet aperçu permet de constater que la tradition ésotérique dans toutes ses branches est représentée par la philosophie hermétique.

Comment s'est effectué le passage de cette tradition de l'Égypte en Occident?

C'est ce que nous allons voir.

L'étude des dépositaires de l'ésotérisme nous a permis de constater que les Esséniens, d'une part, les Gnostiques, de l'autre, avaient seuls gardé les clefs de la science occulte.

Les Esséniens, se tenant en dehors de toute vie politique étaient restés en Palestine et avaient institué plusieurs sociétés secrètes.

Les Gnostiques avaient partout cherché à répandre leurs enseignements. Après la liberté laissée aux Facultés régionales de divulguer les enseignements ésotériques, plusieurs traités concernant les pratiques de la science occulte avaient été écrits d'après les traditions de l'Université égyptienne elle-même.

Ces traités, dont la rédaction remonte, en effet, environ au IIe siècle de notre ère, n'avaient pour but que de soulager un peu la mémoire et d'aider la transmission orale. Ils étaient divisés en deux grandes classes :

1º Ceux qui traitaient du monde invisible, de l'âme et de ses pouvoirs ; de la *psychurgie* ;

2º Ceux qui traitaient de l'application des pouvoirs de l'âme à la nature ; de la *theurgie* et de l'*alchimie*.

Des premiers, surtout philosophiques, nous possédons quelques fragments entièrement traduits par M. Louis Ménard (1).

Des seconds, nous possédons une foule de traités constituant les ouvrages d'alchimie proprement dits.

(1) Louis Ménard, *Hermès Trismégiste*, 1 vol. in-8º, couronné par l'Académie.

On s'accorde généralement à croire que toute la partie pratique de l'occultisme est venue en Europe par les Arabes.

Les Arabes n'ont apporté chez nous les sciences qu'ils avaient reçues des gnostiques restés en Egypte, que longtemps après la prédication de la Gnose en Europe.

Or la Gnose comprenait une partie magique. Qu'on se rappelle les miracles d'Apollonius de Tyane, de Simon le Magicien et des autres gnostiques célèbres, et l'on découvrira la véritable origine de cette philosophie hermétique, origine qui paraît si obscure au premier abord.

L'alchimie représente donc bien la voie de transmission de la science occulte à travers l'Occident, voilà pourquoi nous allons maintenant nous occuper des travaux et des théories de ceux qui s'intitulaient les fils d'Hermès. Nous aurons donc à voir successivement :

1° Le but exotérique des alchimistes, — la pierre philosophale, — sa réalité et ce qu'on peut dire de sa préparation ;

2° Les textes sur lesquels les alchimistes basent leurs opinions philosophiques, — la table d'Emeraude et ses explications ;

3° L'explication des histoires symboliques qu'on trouve dans les traités d'alchimie,

LA PIERRE PHILOSOPHALE

Définitions. — Théorie de sa préparation. — Explication des textes hermétiques. — Preuves irréfutables de son existence.

II

QU'ENTEND-ON PAR PIERRE PHILOSOPHALE ?

Cette question, si simple au premier aspect, est cependant assez difficile à résoudre. Ouvrons les dictionnaires sérieux, parcourons les graves compilations des rares savants qui ont daigné traiter ce sujet. La conclusion est assez facile à poser : « Pierre philosophale, transmutation des métaux, égale : ignorance, fourberie, folie. »

Si pourtant nous réfléchissons qu'en somme, pour parler *draps*, mieux vaut aller au drapier qu'au docteur ès lettres, l'idée nous viendra peut-être de voir ce que pensent les alchimistes de la question.

Or, au milieu des obscurités voulues, et des

symboles nombreux qui remplissent leurs traités, il est un point sur lequel ils sont tous d'accord, c'est la définition et les qualités de la
pierre philosophale.

La pierre philosophale parfaite est une poudre
rouge qui a la propriété de transformer toutes
les impuretés de la nature.

On croit généralement qu'elle ne peut servir,
d'après les alchimistes, qu'à changer du plomb
ou du mercure en or. C'est une erreur. La théorie alchimique dérive de sources bien trop spé-
culatives pour localiser ainsi ses effets. L'évolution étant une des grandes lois de la nature,
ainsi que l'enseignait il y a plusieurs siècles
l'hermétisme, la pierre philosophale fait *évo-
luer* rapidement ce que les formes naturelles
mettent de longues années à produire ; voilà
pourquoi elle agit, disent les adeptes, sur les
règnes végétal et animal, aussi bien que sur le
règne minéral et peut s'appeler *médecine des
trois règnes*.

La pierre philosophale est une poudre qui
peut affecter plusieurs couleurs différentes suivant son degré de perfection, mais qui, pratique-
ment, n'en possède que deux, blanche ou rouge.

La véritable pierre philosophale est rouge.
Cette poudre rouge possède trois vertus :

1° Elle transforme en or le mercure ou le plomb en fusion sur lesquels on en dépose une pincée ; je dis en *or*, et non en un métal qui s'en approche plus ou moins, comme l'a cru un savant contemporain (1).

2° Elle constitue un dépuratif énergique pour le sang et guérit rapidement, prise à l'intérieur, quelque maladie que ce soit ;

3° Elle agit de même sur les plantes en les faisant croître, mûrir et fructifier en quelques heures.

Voilà trois points qui paraîtront bien fabuleux à beaucoup de gens, mais les alchimistes sont tous d'accord à ce sujet.

Il suffit, du reste, de réfléchir pour voir que ces trois propriétés n'en constituent qu'une seule :

Renforcement de l'activité vitale.

La pierre philosophale est donc tout simplement une condensation énergique de la Vie dans une petite quantité de matière, et elle agit comme un ferment sur les corps en présence desquels on la met. Il suffit d'un peu de ferment pour faire *lever*, une grande masse de pain, de même, il suffit d'un peu de pierre philoso-

(1) M. Berthelot.

phale pour développer la vie contenue dans une matière quelconque, minérale, végétale ou animale. Voilà pourquoi les alchimistes appellent leur pierre : « Médecine des trois règnes. »

Nous savons maintenant ce qu'est cette pierre philosophale, assez pour en reconnaître la description dans une histoire symbolique, et là doivent se borner nos ambitions.

FABRICATION DE LA PIERRE PHILOSOPHALE

Voyons maintenant sa fabrication.

Voici quelles sont les opérations essentielles :

Tirer du mercure vulgaire un ferment spécial appelé par les alchimistes *mercure des philosophes;*

Faire agir ce ferment sur l'argent pour en tirer également un ferment ;

Faire agir le ferment du mercure sur l'or pour en tirer aussi du ferment ;

Combiner le ferment tiré de l'or avec le ferment tiré de l'argent et le ferment mercuriel dans un matras de verre vert très solide et en forme d'œuf ; boucher hermétiquement ce matras et le mettre à cuire dans un fourneau particulier appelé par les alchimistes *athanor.*

L'athanor ne diffère des autres fourneaux que par une combinaison qui permet de chauffer pendant très longtemps et d'une façon spéciale l'œuf susdit.

LES COULEURS

C'est alors (pendant cette cuisson), et alors seulement, que se produisent certaines couleurs sur lesquelles sont basées toutes les histoires alchimiques. La matière contenue dans l'œuf devient d'abord noire, tout semble putréfié : cet état est désigné par le nom de *tête de corbeau*. Tout à coup, à cette couleur noire succède une blancheur éclatante. Ce passage du noir au blanc, de l'obscurité à la lumière, est une excellente pierre de touche pour reconnaître une histoire symbolique qui traite de l'alchimie. La matière ainsi fixée au blanc sert à transmuer les métaux impurs (plomb, mercure) en argent.

Si on continue le feu, on voit cette couleur blanche disparaître peu à peu ; la matière prend des teintes diverses, depuis les couleurs inférieures du spectre (bleu, vert) jusqu'aux couleurs supérieures (jaune orangé), et enfin arrive au rouge rubis. La pierre philosophale est alors presque terminée.

Je dis presque terminée, car à cet état 10 grammes de pierre philosophale ne transmuent pas plus de 20 grammes de métal. Pour parfaire la pierre, il faut la remettre dans un œuf avec un peu de mercure des philosophes et recommencer à chauffer. L'opération, qui avait demandé un an, ne demande plus que trois mois, et les couleurs reparaissent dans le même ordre que la première fois.

A cet état la pierre transmue en or dix fois son poids.

On recommence encore l'opération. Elle ne dure qu'un mois, la pierre transmue mille fois son poids de métal.

Enfin on la fait une dernière fois, et on obtient la véritable pierre philosophale parfaite, qui transmue dix mille fois son poids de métal en or pur.

Ces opérations sont désignées sous le nom de *multiplication de la pierre*.

EXPLICATION DES TEXTES ALCHIMIQUES

Quand on lit un alchimiste, il faut donc voir de quelle opération il parle :

1° S'il parle de la fabrication du mercure des philosophes, auquel cas il sera sûrement inintelligible pour le profane;

2° S'il parle de la fabrication de la pierre proprement dite, auquel cas il parlera clairement;

3° S'il parle de la multiplication, et alors il sera tout à fait clair.

Muni de ces données, le lecteur peut ouvrir le livre de M. Figuier et, s'il n'est pas ennemi d'une douce gaieté, lire de la page 8 à la page 52. Il déchiffrera aisément le sens des histoires symboliques qui sont si obscures pour M. Figuier et lui font hasarder de si joyeuses explications.

Témoin l'histoire suivante qu'il traite de grimoire (p. 41) :

« Il faut commencer au Soleil couchant, lorsque le mari Rouge et l'épouse Blanche s'unissent dans l'esprit de vie pour vivre dans l'amour et dans la tranquillité, dans la proportion exacte d'eau et de terre.

Mise dans le mâtras en forme d'œuf des deux ferments, actif ou Rouge, passif ou Blanc.

« De l'Occident avance-toi à travers les ténèbres vers le Septentrion.

Divers degrés du feu.

« Altère et dissous le mari entre l'hiver et le printemps,

change l'eau en une terre noire et élève-toi à travers les couleurs variées vers l'Orient où se montre la pleine Lune. Après le purgatoire apparaît le soleil blanc et radieux. »

Tête de corbeau, couleurs de l'œuvre.

Blanc.

(Riplée.)

En considérant une histoire symbolique, il faut toujours chercher le sens hermétique qui était le plus caché et qui s'y trouve presque sûrement. Comme la nature est partout identique, la même histoire qui exprime les mystères du grand œuvre pourra signifier également le cours du soleil (mythes solaires) ou la vie d'un héros fabuleux. L'initié seul sera donc en état de saisir le troisième sens (hermétique) des mythes anciens (1), tandis que le savant n'y verra que les premiers et deuxième sens (physique et naturel, cours du Soleil, Zodiaque, etc.), et le paysan n'en comprendra que le premier sens (histoire du héros).

Les aventures de Vénus, de Vulcain et de Mars sont célèbres à ce point de vue parmi les alchimistes (2).

(1) V. Ragon, *Fastes initiatiques* (*La Maçonnerie occulte*).
(2) Voyez l'admirable traité intitulé *Lumière sur le sentier* (chez Carré).

D'après tout cela, on voit que, **pour** faire la pierre philosophale, il faut avoir le **temps** et la patience. Celui qui n'a pas tué en lui le désir de l'or ne sera jamais riche, alchimiquement parlant. Il suffit, pour s'en convaincre, de lire les biographies de deux alchimistes du XIXᵉ siècle, Cyliani (1) et Cambriel (2).

Physiquement, la pierre philosophale serait donc une poudre rouge assez semblable comme consistance au chlorure d'or et de l'odeur du sel marin calciné.

Chimiquement, c'est une simple augmentation de densité, si l'on admet l'unité de la matière, idée fort en honneur parmi les philosophes chimistes contemporains. En effet, le problème à résoudre consiste à transformer un corps de la densité de 13,6 comme le mercure, en un corps de la densité de 19,5 comme l'or. Cette hypothèse de la transmutation est-elle en désaccord avec les plus récentes données de la chimie?

C'est ce que nous allons voir.

---

(1) *Hermès dévoilé* (Voyez la fin de cette étude).
(2) *Cours d'alchimie en dix-neuf leçons.*

III

LA CHIMIE ACTUELLE PERMET-ELLE DE NIER L'EXISTENCE DE LA PIERRE PHILOSOPHALE ?

Deux chimistes contemporains ont poussé leurs investigations dans l'obscur domaine de l'alchimie ; ce sont MM. Figuier, vers 1853, qui publiait *l'Alchimie et les Alchimistes,* livre dont nous aurons tout à l'heure l'occasion de parler, et M. le professeur M. Berthelot, membre de l'Institut, qui fit paraître, en 1885, *les Origines de l'Alchimie.*

Ces deux savants officiels, le dernier surtout, font autorité en la matière, et leur opinion mérite d'être écoutée par toutes les personnes sérieuses.

Tous deux considèrent l'alchimie et son but comme de beaux rêves dignes des temps passés ; tous deux, ils nient formellement l'existence de la pierre philosophale (quoique Figuier prouve à son insu cette existence). Et cependant Is déclarent que, scientifiquement, la chose ne peut pas être niée *à priori.* Ainsi Figuier dit :

« Dans l'état présent de nos connaissances, on

ne peut prouver, d'une manière absolument ri-
goureuse que la transmutation des métaux soit
impossible; quelques circonstances s'opposent
à ce que l'opinion alchimique soit rejetée comme
une absurdité en contradiction avec les faits (1). »

M. Berthelot, dans plusieurs passages de son
livre, montre que, loin d'être opposée à la chimie contemporaine, la théorie alchimique tend,
au contraire, à remplacer aujourd'hui les données primitives de la philosophie chimique.
Voici quelques extraits à l'appui.

« A travers les explications mystiques et les
symboles dont s'enveloppent les alchimistes,
nous pouvons entrevoir les théories essentielles
de leur philosophie : lesquelles se réduisent, en
somme, à un petit nombre d'idées claires, plau-
sibles, et dont certaines offrent une analogie
étrange avec les conceptions de notre temps (2). »

« Pourquoi ne pourrions-nous pas former le
soufre avec l'oxygène, former le sélénium et le
tellure avec le soufre, par des procédés de con-
densations convenables ? Pourquoi le tellure, le
sélénium ne pourraient-ils pas être changés
nversement en soufre, et celui-ci, à son tour,
métamorphosé en oxygène ?

(1) *L'Alchimie et les Alchimie*, p. 353.
(2) Berthelot, *les Origines de l'alchimie* p. 280.

« Rien en effet ne s'y oppose *a priori.* » (1).

« Assurément, je le répète, nul ne peut affirmer que la fabrication des corps réputés simples soit impossible *a priori* (2). »

Tout cela montre assez que la pierre philosophale n'était pas fatalement impossible, même de l'avis des savants comtemporains. C'est maintenant qu'il nous faut chercher si nous avons des preuves positives de son existence.

IV

PREUVES DE L'EXISTENCE DE LA PIERRE PHILOSOPHALE. — DISCUSSION DE LEUR VALIDITÉ

Nous affirmons que la pierre philosophale a donné de son existence des preuves irréfutables et nous allons exposer les faits sur lesquels se basent nos convictions.

Nous avons dit *les faits,* car on ne peut considérer comme absolument sérieuses les démonstrations tirées des raisonnements plus ou moins solides. C'est dans le domaine de l'histoire que

(1) *Ibid.,* p. 297.
(2) *Ibid.,* p. 321.

les affirmations sont toujours faciles à contrôler à toute époque, et par là même vraiment irréfutables.

Nous allons donc exposer les arguments invoqués par les adversaires de l'alchimie contre la transmutation, et ce sont des *faits* qui, seuls, pourront victorieusement réfuter chacune de ces objections.

C'est Geoffroy l'aîné qui s'est chargé, en 1722, de faire le procès des alchimistes devant l'Académie. Si l'on en croit son mémoire, les nombreuses histoires de transmutation sur lesquelles les adeptes basent leur foi, sont facilement explicables par la supercherie. Des philosophes incontestés, tels que Paracelse ou Raymond Lulle, laissaient là pour un moment les spéculations abstraites pour faire quelques tours adroits d'escamotage devant de bons naïfs ébahis. Cependant analysons les moyens de tromper dont ils disposaient, et cherchons à déterminer des conditions expérimentales, mettant à néant ses arguments.

Les alchimistes se servent pour tromper les assistants de :

1° Creusets à double fond ;

2° Charbons ou baguette creux et remplis de poudre d'or ;

3° Réactions chimiques inconnues alors et parfaitement connues aujourd'hui.

Pour qu'une de ces conditions se réalise, il faut nécessairement que l'alchimiste soit présent à l'opération ou ait touché auparavant aux instruments employés.

Donc, dans la détermination expérimentale d'une transmutation, l'absence de l'alchimiste sera la première et la plus indispensable des conditions.

Il faudra, de plus, qu'il n'ait eu en main aucun des objets qui serviront à cette transmutation.

Enfin, pour répondre aux derniers arguments, il est indispensable que les données de la chimie contemporaine soient impuissantes à expliquer normalement le résultat obtenu.

Pour que notre travail trouve encore une base d'évidence plus solide, il faut mettre le lecteur à même de contrôler facilement toutes nos affirmations ; c'est pourquoi nous tirerons nos arguments d'un seul ouvrage facile à trouver : *l'Alchimie et les Alchimistes*, de Louis Figuier.

Rappelons, avant de passer outre, les plus essentielles conditions :

1° Absence de l'alchimiste ;

2° Qu'il n'ait touché à rien de ce qui sert à l'opérateur ;

3° Que le fait soit inexplicable par la chimie contemporaine.

Et on peut ajouter encore :

4° Que l'opérateur ne puisse pas être soupçonné de complicité.

*
* *

Ouvrons le livre de M. Figuier, édition de 1854, chapitre III, page 206. Là, nous trouvons, non pas un ; mais trois faits répondant à *toutes nos conditions* et que nous allons discuter un à un.

Non seulement l'opérateur n'est pas alchimiste mais c'est un savant considéré, un ennemi déclaré de l'alchimie, ce qui répond encore avec plus de force à notre quatrième condition. Parlons d'abord, d'Helvétius et de sa transmutation ; nous citons textuellement Figuier :

« Jean-Frédéric-Schweitzer, connu sous le nom latin d'Helvétius, était un des adversaires les plus décidés de l'alchimie ; il s'était même rendu célèbre par un écrit contre la poudre sympathique du chevalier Digby. Le 27 décembre 1666, il reçut à la Haye la visite d'un étranger vêtu, dit-il, comme un bourgeois du nord de la Hollande et qui refusait obstinément de faire connaître son nom. Cet étranger annonça à Helvétius, que sur le bruit de sa dispute avec le chevalier Digby, il était accouru pour lui porter les preuves matérielles de l'existence de la pierre philosophale. Dans une longue conversation, l'adepte défendit les principes hermétiques, et, pour lever les doutes de son adversaire, il lui montra dans une petite boîte d'ivoire la pierre philosophale. C'était une poudre d'une métalline couleur de soufre. En vain Helvétius conjura-t-il l'inconnu de lui démontrer par le feu les vertus de sa poudre, l'alchimiste résista à toutes les instances et se retira en promettant de revenir dans trois semaines.

« Tout en causant avec cet homme et en examinant la pierre philosophale, Helvétius avait eu l'adresse d'en détacher quelques parcelles et de les tenir cachées sous son ongle. A peine fut-il seul qu'il s'empressa d'en essayer les vertus Il mit du plomb en fusion dans un creuset et fit la projection. Mais tout se dissipa en fumée. Il ne resta dans le creuset qu'un peu de plomb et de terre vitrifiée.

« Jugeant dès lors cet homme comme un imposteur, Helvétius avait à peu près oublié l'aventure lorsque, trois semaine après et au jour marqué, l'étranger reparut. Il refusa en-

core de faire lui-même l'opération ; mais, cédant
aux prières du médecin, il lui fit cadeau d'un
peu de sa pierre, à peu près la grosseur d'un
grain de millet. Et, comme Helvétius exprimait
la crainte qu'une si petite quantité de substance
ne pût avoir la moindre propriété, l'alchimiste,
trouvant encore le cadeau trop magnifique, en
enleva la moitié, disant que le reste était suffisant pour transmuer une once et demie de
plomb En même temps, il eut soin de faire
connaître avec détails les précautions nécessaires à la réussite de l'œuvre et recommanda
surtout, au moment de la projection d'envelop-
per la pierre philosophale d'un peu de cire, afin
de la garantir des fumées du plomb. Helvétius
comprit en ce moment pourquoi la transmus-
tation qu'il avait essayée avait échoué entre ses
mains ; il n'avait pas enveloppé la pierre dans
la cire et négligé, par conséquent, une précau-
tion indispensable.

« L'étranger promettait d'ailleurs de revenir
le lendemain pour assister à l'expérience.

« Le lendemain, Helvétius attendit inutile-
ment ; la journée s'écoula tout entière sans que
l'on vit paraître personne. Le soir venu, la
femme du médecin, ne pouvant plus contenir
son impatience, décida son mari à tenter seul

l'opération. L'essai fut exécuté par Helvétius en présence de sa femme et de son fils.

« Il fondit une once et demie de plomb, projeta sur le métal en fusion la pierre enveloppée de cire, couvrit le creuset de son couvercle et le laissa exposé un quart d'heure à l'action du feu. Au bout de ce temps le métal avait acquis la belle couleur verte de l'or en fusion; coulé et refroidi, il devint d'un jaune magnifique.

« Tous les orfèvres de La Haye estimèrent très haut le degré de cet or. Povelius, essayeur général des monnaies de la Hollande, le traita sept fois par l'antimoine sans qu'il diminuât de poids. »

Telle est la narration qu'Helvétius lui-même donne de cette aventure. Les termes et les détails minutieux de son récit excluent, de sa part, tout soupçon d'imposture. Il fut tellement émerveillé de ce succès que c'est à cette occasion qu'il écrivit son *Vitulus aureus*, dans lequel il raconte ce fait et défend l'alchimie.

⁎
⁎ ⁎

Ce fait répond à toutes les conditions requises. Cependant M. Figuier, sentant combien il était difficile à expliquer, ajouta quelques explications dans une édition postérieure (1860).

Voulant trouver partout *a priori* de la fraude, voici son argument principal :

L'alchimiste a soudoyé un complice qui est venu mettre dans un des creusets d'Helvétius un composé d'or facilement décomposable par la chaleur. Est-il nécessaire de montrer la naïveté de cette objection ?

1° Comment choisir juste le creuset que prendra Helvétius ?

2° Comment croire que celui-ci soit assez sot pour ne pas reconnaître un creuset vide d'un plein ou un alliage d'un métal ?

3° Pourquoi ne pas se donner la peine de relire le récit des faits ; M. Figuier aurait vu deux points importants :

D'abord la phrase suivante : « Il prit une once et demie de plomb. » Ce qui indique qu'il l'a pesée, qu'il l'a maniée, ce qui l'aurait mis à même de vérifier facilement si c'était vraiment du plomb.

4° Ensuite ce petit détail : « Il couvrit le creuset de son couvercle », ce qui empêche toute évaporation ultérieure.

5° Supposé même que vraiment Helvétius ait été trompé ; que lui, savant expérimenté, ait pris de l'or pour du plomb, la preuve de la transmutation n'en ressort pas moins évidente, car les critiques oublient toujours le fait suivant :

S'il existe un alliage cachant l'or en lui, le lingot, après évaporation ou oxydation du métal impur pèsera *beaucoup moins* que le métal initialement employé.

Si, au contraire, il y a adjonction par un procédé quelconque, d'or, le lingot pèsera *beaucoup plus* que le métal initialement employé.

Or la transmutation de Bérigard de Pise, qu'on trouvera ci-après, prouve irréfutablement l'inanité de ces arguments.

Enfin, pour détruire à tout jamais les affirmations de M. Figuier, il suffit de remarquer que les orfèvres de La Haye, ainsi que l'essayeur des monnaies de la Hollande, constatent la pureté absolue de l'or, ce qui serait impossible s'il y avait eu un alliage quelconque. Ainsi tombe d'elle-même l'explication que le critique donne de ce fait :

« Nous ne pouvons guère expliquer aujourd'hui ces faits qu'en admettant que le mercure dont on faisait usage ou le creuset que l'on employait recélaient une certaine quantité d'or dissimulée avec une habileté merveileuse(1). »

(1) Louis Figuier, *ibid.*, p. 210.

Nous avons dit qu'*un seul fait* bien prouvé suffisait pour démontrer l'existence de la pierre philosophale ; et, cependant, il en existe trois dans les mêmes conditions. Voyons les deux autres :

Voici le récit de Bérigard de Pise, cité de même par Figuier (p. 214) :

« Je rapporterai, nous dit Bérigard de Pise, ce qui m'est arrivé autrefois lorsque je doutais fortement qu'il fût possible de convertir le mercure en or. Un homme habile, voulant lever mon doute à cet égard, me donna un gros d'une poudre dont la couleur était assez semblable à celle du pavot sauvage, et dont l'odeur rappelait celle du sel marin calciné. Pour détruire tout soupçon de fraude, j'achetai moi-même le creuset, le charbon et le mercure chez divers marchands, afin de n'avoir point à craindre qu'il n'y eût de l'or dans aucune de ces matières, ce que font souvent les charlatans alchimiques. Sur 10 gros de mercure, j'ajoutai un peu de poudre, j'exposai le tout à un feu assez fort, et, en peu de temps, la masse se trouva toute convertie en près de 10 gros d'or, qui fut reconnu comme très pur par les essais de divers orfèvres. Si ce fait ne me fût point arrivé sans témoins, hors de la présence d'arbitres étrangers, j'aurais pu soupçonner quelque fraude; mais je puis assurer avec confiance que la chose s'est passée comme je la raconte. »

Ici, c'est encore un savant qui opère; mais il connaît les ruses des charlatans et emploie toutes les précautions imaginables pour les éviter.

Enfin, citons encore la transmutation de Van Helmont, pour édifier en tous points le lecteur impartial :

En 1618, dans son laboratoire de Vilvorde, près de Bruxelles, Van Helmont reçut d'une main inconnue un quart de grain. Elle venait d'un adepte, qui, parvenu à la découverte du secret, désirait convaincre de sa réalité le savant illustre dont les travaux honoraient son époque.

Van Helmont exécuta lui-même l'expérience seul dans son laboratoire avec le quart de grain de poudre qu'il avait reçu de l'inconnu; il transforma en or huit onces de mercure. Il faut convenir qu'un tel fait était un argument presque sans réplique à invoquer en faveur de l'existence de la pierre philosophale. Van Helmont, le chimiste le plus habile de son temps, était difficile à tromper; il était lui-même incapable d'imposture, et il n'avait aucun intérêt à mentir, puisqu'il ne tira jamais le moindre parti de cette observation.

Enfin, l'expérience ayant eu lieu hors de la présence de l'alchimiste, il est difficile de comprendre comment la fraude aurait pu s'y glisser. Van Helmont fut si bien édifié à ce sujet qu'il devint partisan avoué de l'alchimie. Il donna, en l'honneur de cette aventure, le nom de Mercurius à son fils nouveau-né. Ce Mercurius Van Helmont ne démentit pas d'ailleurs son baptême alchimique. Il convertit Leibniz à cette opinion; pendant toute sa vie il chercha la pierre philosophale et mourut sans l'avoir trouvée, il est vrai, mais en fervent apôtre.

Reprenons maintenant ces trois récits, et nous constaterons qu'ils répondent aux conditions scientifiques posées. En effet :

Le mercure ou le plomb contenaient-ils de l'or? Je ne le pense pas, attendu :

1° Qu'Helvétius, qui ne croyait pas à l'alchimie, non plus que Van Helmont et Bérigard de Pise qui étaient dans le même cas, n'allaient pas s'amuser à en mettre;

2° Que dans aucun cas l'alchimiste n'avait touché aux objets employés;

3° Enfin que dans la transmutation de Béri-

gard de Pise, si le mercure avait contenu de
l'or et que celui-ci fût resté seul après la volati-
lisation du premier, le lingot obtenu aurait pesé
beaucoup moins que le mercure employé, ce
qui n'est pas.

Après ces arguments, on pourrait croire que
la liste est close; pas le moins du monde, il en
reste encore un, peu honnête, il est vrai, mais
d'autant plus dangereux :

« Tous ces récits, tirés de livres imprimés,
« ne sont pas l'œuvre des auteurs signataires,
« mais bien d'habiles alchimistes imposteurs. »

Voilà certes une terrible objection qui semble
détruire tout notre travail; mais la vérité peut
encore apparaître victorieusement.

En effet, il existe une lettre d'une tierce personne aussi éminente que les autres, le philosophe Spinosa, adressée à Jarrig Jellis. Cette
lettre prouve irréfutablement la réalité de l'expérience d'Helvétius. Voici le passage important :

« Ayant parlé à Voss de l'affaire d'Helvétius,
il se moqua de moi, s'étonnant de me voir oc-
cupé à de telles bagatelles. Pour en avoir le
cœur net, je me rendis chez le monnayeur
Brechtel, qui avait essayé l'or. Celui-ci m'as-
sura que, pendant sa fusion, l'or avait encore

augmenté de poids quand on y avait jeté de l'argent. Il fallait donc que cet or, qui a changé l'argent en de nouvel or, fût d'une nature bien particulière. Non seulement Brechtel, mais encore d'autres personnes qui avaient assisté à l'essai, m'assurèrent que la chose s'était passée ainsi. Je me rendis ensuite chez Helvétius lui-même, qui me montra l'or et le creuset conte-nant encore un peu d'or attaché à ses parois. Il me dit qu'il avait jeté à peine sur le plomb fondu le quart d'un grain de blé de pierre phi-losophale. Il ajouta qu'il ferait connaître cette histoire à tout le monde. Il paraît que cet adepte avait déjà fait la même expérience à Amsterdam, où on pourrait encore le trouver. Voilà toutes les informations que j'ai pu prendre à ce sujet (1).

« Boobourg, 27 mars 1667.

« SPINOSA. »

Tels sont les faits qui nous ont conduit à cette conviction :

La pierre philosophale a donné de son exis-tence des preuves irréfutables, à moins de nier à jamais le témoignage des textes, de l'histoire et des hommes. PAPUS.

_____

(1) *Opera posthuma*, p. 553.

AVANT-PROPOS

Ainsi qu'on vient de le voir dans la belle étude qui précède, l'alchimie est une dés plus importantes parmi les sciences occultes.

Elle ne constitue pas, comme on le dit encore trop souvent, à notre époque, les débuts de la chimie moderne ; elle représente, au contraire, une philosophie complète dont les pratiques chimiques ne sont que la justification. L'alchimiste, seul digne de ce nom, était un *philosophe* dans la plus profonde acception de ce mot : il ne recherchait pas l'or pour l'or ; son but le plus important était de trouver un remède universel aux maladies.

Les plus grandes difficultés ont de tout temps entouré l'étude de cette science, et c'est à dessein, car, de l'aveu des hermétistes les plus éminents, l'œuvre est relativement simple, et c'est précisément pour cela qu'ils l'ont cachée avec tant de soin. Il n'y a pas un mot dans leurs livres qui ne soit détourné de son vrai sens, et tous les moyens ont été bons pour dis-

simuler la vérité aux profanes. « Leurs ouvra-
« ges, dit Pernéty, ne sont qu'un tissu d'énig-
« mes, de métaphores, d'allégories ; ils font
« mystère de tout et semblent n'avoir écrit que
« pour ne pas être entendus. — Ils ont employé
« des figures symboliques sur lesquelles on ne
« peut donner aucune règle certaine, parce que
« chaque philosophe les a imaginées à sa fan-
« taisie. »

Ce n'est pas, du reste, le plus grand obstacle.
Je crois que l'on peut arriver à traduire les symboles, à déchiffrer les hiéroglyphes, à connaître
le sens véritable des mots ; le difficile, c'est de
comprendre la philosophie profonde des hermétistes initiés, de se mettre dans leur menta-
lité, de pénétrer dans leur âme, de *savoir*, comme
eux, que tout dépend de l'Invisible. En un mot,
pour être digne de réussir, il faut avoir trouvé
la pierre philosophale spirituelle, être redevenu
un *homme* réel, un régénéré.

Il est donc impossible de se dissimuler, si une
fois on a compris les principes sur lesquels se
base l'alchimie, les énormes difficultés que l'on
rencontre dans sa pratique. Il y faut une réunion de conditions bien rares à trouver, surtout
à notre époque :

Beaucoup de temps et d'argent, une connaissance approfondie de la chimie, une patience surhumaine, un mépris absolu de l'or ; une science très grande de la tradition occulte et hermétique, une notion complète de sa propre faiblesse, une grande puissance de prière et de confiance dans l'Invisible.

Telles sont les principales qualités sans lesquelles on ne peut espérer réussir.

Il faut donc se sentir réellement appelé à ce travail spécial pour le commencer, car c'est une voie extrêmement dure et pénible. Pour le concevoir, on n'a seulement qu'à imaginer les difficultés de rencontrer en un seul être la science synthétique de l'antiquité et la science analytique moderne, la foi d'un enfant, et le cerveau d'un génie. Je n'encourage donc personne à chercher la pierre philosophale ; mais, à côté de la pratique alchimique réelle, il y a quelques préparations rudimentaires encore difficiles, et cependant abordables, bien que se rattachant aux mêmes principes.

J'ai trouvé, au cours de recherches dans les bibliothèques, un manuscrit *relativement* clair, dû à un alchimiste : Jean de Roquetaillade, dit «Rupe Scissa». L'auteur a soin d'expliquer *aux pauvres hommes évangélisant* les expressions philosophiques dont il se sert. Toutes les expé-

riences citées sont assez faciles à essayer, bien
qu'il soit nécessaire aussi d'être très patient et
qu'on ne doive point espérer réussir dès la première fois. J'ai pensé faire une œuvre agréable
et utile en présentant au public quelques-unes
des recettes les moins difficiles de notre auteur.

J'ai simplifié le plus possible et traduit en
langage clair le vieux langage du maître.

Quelques-uns des élixirs dont on trouvera la
recette plus loin ont été essayés de nos jours,
avec plein succès. Je suis persuadé que l'on
aura ainsi une série de médicaments puissamment dynamisés, à l'aide desquels le *disciple évangélisant* pourra faire beaucoup de
bien (après avis médical, bien entendu).

Sédir, dans une brochure sur la médecine
occulte, dit : « qu'à son avis, le plus savant des
« hommes, le plus énergique, ne peut rien sans
« le secours de Dieu et ne fait rien sans sa per-
« mission, et que plus que toute science, plus
« que tout secret, le recours humble et sincère
« à la vertu suprême, à la charité infinie, est
« l'élixir miraculeux ».

Qu'il me soit permis, à la première page de
ce travail, d'en appeler aux mêmes principes ;
de déclarer que l'homme ne peut rien seul, pas
même tenter une expérience élémentaire d'al-

chimie. Ce n'est pas lui qui agit, mais les guides qui sont derrière lui, dans son ombre.

Que le disciple de « Rupe Scissa » n'oublie donc jamais l'appel à l'Invisible ; la demande sincère d'une aide extérieure, avant d'allumer son fourneau. Il doit se souvenir toûjours qu'il n'est pas *seul ;* que des regards sont fixés sur lui et voient ses intentions. Dans ces conditions, son cœur sera illuminé, et cette lumière rayonnera autour de lui.

L'alcool qu'il tiendra dans ses mains, les plantes qu'il broiera dans son mortier, le feu même, tous ces êtres seront pénétrés d'une force, d'un dynamisme qu'ils n'auraient pas, si, rejetant toute idée d'humilité et de prière, il travaillait plein de confiance en lui seul et en ses propres forces.

Tout est là ; telle est la clé de l'action vraiment miraculeuse de certains produits, tels que l'élixir d'antimoine par exemple, ou l'or potable dont nous verrons plus loin la fabrication.

Voilà dans quel esprit je présente ce travail ; puisse-t-il permettre à quelque étudiant, sincère et de bonne volonté, de faire ainsi que les Roses✠ Croix anciens, de trouver sinon une médecine universelle, au moins un reconstituant puissant qui, avec l'aide du Ciel, ramènera la vie et le bonheur dans beaucoup de foyers.

On le voit, mon travail a un but presque exclusivement pratique. J'ai voulu mettre ceux qui se sentiraient assez de patience et de bonne volonté à même d'essayer quelques modestes réalisations, renvoyant pour la théorie aux alchimistes, à Papus, Poisson, Haatan, J. Castelot; néanmoins, je ne crois pas inutile, ne serait-ce que pour orienter les pensées des lecteurs vers un même courant d'idées, de consacrer quelques pages aux principes philosophiques des anciens hermétistes, à leurs idées générales sur la nature et la matière auxquelles notre chimie moderne revient chaque jour davantage. J'appuierai ces théories de deux ou trois expériences pleines d'enseignements.

CHAPITRE I

Pour les philosophes hermétiques, la Nature était la masse de tous les êtres qui composent le monde visible; le principe, émané de Dieu mais distingué de lui, qui l'anime.

Dieu a tiré la nature du néant; le monde a été formé d'une *vapeur* qui se condensa en une eau cahotique, contenant en soi un Esprit invisible (le Feu incréé), qui, par son action sur elle, forma tout l'Univers.

Tout est dans tout; cet esprit est réparti dans tous les corps de la nature qui tirent de lui l'existence et retournent aussi vers lui après leur dissolution.

Dans le principe, cette eau cahotique universelle était cristalline, claire, transparente, sans odeur ni goût particuliers et sans mouvement; tous les éléments y étaient confondus. Bientôt, par l'action de l'Esprit invisible y contenu, elle fermenta, se troubla, fit naître d'elle-même une terre et se putréfia.

Les parties subtiles furent alors séparées des grossières, par degrés. Les plus subtiles formèrent le *ciel* ou le *feu* ; puis, en descendant, l'air, l'eau, la terre. Mais ces quatre éléments ne diffèrent que par leur degré de subtilité ou de fixité; c'est toujours la même matière première, qui s'est, pour ainsi dire, classifiée, sous l'action du feu générateur. Chacune de ces formes de la matière première, ou *éléments*, produisit son semblable, extériorisa continuellement une force sémentielle, et de ces forces réunies naquit une *eau* de même nature que l'eau cahotique, d'où toutes choses physiques prendront naissance. C'est ici la création du deuxième monde ou plan astral.

Les émanations du *ciel*, de *l'air*, de *l'eau*, de *la terre engendrent*, disons-nous, *par leur réunion* une semence universelle.

Le ciel agit d'abord *sur l'air;* l'eau, sur la terre ; puis de leur union naît enfin l'eau chaotique seconde (plan astral), d'où sortiront, se conserveront, seront détruites et régénérées toutes choses physiques. Le ciel et l'air sont donc la partie active; l'eau et la terre, la partie passive de cette matière primordiale.

L'action de l'esprit moteur dans les éléments n'est pas la même pour tous. Plus la matière sur laquelle il aura à agir sera subtile, plus vite elle recevra son impulsion.

« *Le feu* » étant la partie la plus élevée et la plus mobile sera donc le premier mis en mouvement; il agira ensuite lui-même sur « *l'air* »; celui-ci, sur « *l'eau* », et de proche en proche sur la partie la plus grossière : « *la terre* ».

Voici de quelle façon cette action se produisit pour le feu :

Après la séparation ou chaos universel (le tohu-bohu de la Genèse), l'éther, le feu, est devenu l'être le plus subtil, le plus incompréhensible et le plus élevé. Il est le premier agent, le père de toutes choses, la semence masculine.

« Etant le plus mobile des éléments, il
« s'échauffe par son mouvement perpétuel,
« s'allume, exhale d'une manière invisible tout
« ce dont il n'a pas besoin pour sa consistance.

« Ces émanations descendent dans la sphère
« la plus proche : l'air (principe des gaz), et,
« comme elles y rencontrent un milieu qui n'est
« ni trop épais, ni trop subtil, elles s'y laissent
« prendre, s'y mêlent, se coagulent avec les
« parties les plus raréfiées, circulant de côté

« et d'autre, jusqu'à ce qu'entièrement unies
« elles puissent se rapprocher des émanations
« inférieures (eau et terre). »

Par ces émanations continuelles, l'éther ne
perd rien de ses forces, parce qu'il les remplace
par des parties qui lui sont semblables; il reçoit
les vapeurs subtilisées de l'air ; il en prend autant qu'il en a besoin, les absorbe, les change
ainsi en sa nature et en expulse le superflu.

La matière immédiatement moins subtile, ou
l'air, s'en empare, s'épaissit, résout ce qui lui
est inutile en pluie et en rosée, et les pousse
vers la matière plus inférieure : *l'eau.*

Celle-ci, à son tour, décharge les superfluités
épaisses vers la terre qui s'en rassasie, chasse
les parties qu'elle n'a pas absorbées, les
résout de nouveau en vapeurs qui remontent
vers l'air, et ainsi de suite.

C'est en observant ces choses que l'on con-
naîtra le supérieur et l'inférieur d'Hermès, la
chaîne d'or d'Homère, l'anneau de Platon, et
que l'on sera convaincu qu'une chose se transmue en l'autre et redevient semblable à elle-
même.

Les mêmes raisonnements sont applicables à
l'air, à l'eau et à la terre.

Il faut bien comprendre seulement que plus .

nous descendons, plus nous nous rapprochons du plan physique.

Ainsi donc, la matière est *une* dans son principe et sera *une* dans ses manifestations sur la terre.

Toute chose y a son origine et y retourne.

Tous les êtres sur terre auront une âme qui vient du chaos, un corps astral qui vient du chaos régénéré ou deuxième monde et un corps physique qui vient de la terre.

Les théories précédentes s'appliquent aux deux premiers mondes : le plan divin et le plan astral. Voici maintenant, d'après Agrippa (1), le caractère des éléments ou états de la matière sur le plan physique (troisième monde) :

« Tous les corps en sont composés, non pas
« par assemblage, mais par union, c'est-à-dire
« que les différents états ne sont pas super-
« posés dans un corps, mais qu'ils s'interpé-
« nètrent.

« Tous les états de matière peuvent se trans-
« muer l'un dans l'autre.

« La matière solide peut par dissolution ou
« ébullition devenir liquide ; la matière à l'état

(1) *La Philosophie occulte.*

« liquide peut passer par la chaleur à l'état
« gazeux.

« Cet état gazeux surchauffé passe à l'état
« radiant ou éthérique; mais, cette matière ra-
« diante étant éteinte (c'est-à-dire ayant subi
« un changement moléculaire), repasse à l'état
« gazeux, puis liquide, puis solide.

« Chaque état de matière a deux qualités spé-
« cifiques, dont la première lui est propre, et
« l'autre lui sert de lien avec l'état suivant.

« La matière radiante est *chaude* et *sèche*;
« elle participe de la qualité du feu (la lumi-
« nosité.

« La matière solide est sèche et froide; elle a
« les qualités de la terre : la solidité, la dureté.

« La matière à l'état liquide est froide et hu-
« mide et a en partage les qualités de l'eau : la
« mobilité; enfin, la matière à l'état gazeux est
« humide et chaude et participe des qualités de
« l'air : la diaphanéité. »

C'est par ces qualités différentes que chaque
état de la matière est opposé à l'autre. Platon (1)
donnait à l'*état radiant* trois qualités : la *clarté*,
la *raréfaction*, le *maximum de mouvement vi-*
bratoire; à l'*état solide*, l'obscurité, l'épaisseur,

---

(1) Cité par Agrippa, *La Philosophie occulte*.

le minimum de mouvement vibratoire ; — à
l'*état gazeux*, deux qualités empruntées à l'état
radiant ; la raréfaction et le mouvement vibratoire très rapide ; — à l'*état liquide*, deux qualités empruntées à l'état solide : l'obscurité et
l'épaisseur, et une de l'état radiant : le mouvement vibratoire très rapide.

A l'*état éthérique*, la matière est *deux* fois
plus raréfiée qu'à l'état gazeux, trois fois plus
mobile et quatre fois plus active.

A l'*état gazeux*, la matière est deux fois plus
active qu'à l'état liquide, trois fois plus raréfiée, quatre fois plus mobile.

L'*état liquide* a deux fois plus d'activité que
l'état solide, trois fois plus de raréfaction, quatre
fois plus de mobilité.

On comprend que cette connaissance des
états différents de la matière et de leurs rap-
ports entre eux entre pour beaucoup dans les
merveilleux résultats de l'alchimie.

Les Anciens, si longtemps considérés comme
de petits enfants en toutes choses, après la
réaction du xvie siècle, avaient, au contraire,
une connaissance approfondie de certains états
de la matière encore peu étudiés de nos jours.

Qu'on lise, par exemple, cette description des
propriétés de l'éther, et on sera étonné : elle

est due à Dyonişius, cité par Agrippa (1) :
« L'éther paraît clairement, en toutes choses,
« et s'en éloigne. Il donne la lumière à tout; il
« est caché et inconnu, quand il existe par lui-
« même ; il est lumineux et invisible, disposé
« de soi-même à sa propre action. Excessi-
« vement mobile, il se communique à tout ce
« qui s'approche de lui; il renouvelle les forces,
« conserve la nature. Il comprend tous les
« autres états de la matière et les pénètre tous
« sans avoir besoin d'aucun d'eux pour exister.
« Il est actif, puissant, présent invisiblement à
« toutes choses. Il réduit parfois subitement la
« matière inférieure à lui. Il est impalpable;
« sans diminution, puisqu'il se communique
« libéralement à tout. Il est dans tous les êtres :
« dans la pierre, puisqu'un coup brusque l'en
« fait sortir sous forme de feu; dans la terre,
« qui fume en la fouillant; dans l'eau, qui
« s'échauffe parfois dans les fontaines; dans
« l'air, que nous voyons souvent s'échauf-
« fer, etc., etc. »
Tels étaient les enseignements des anciens
philosophes sur la formation de notre monde et

---

(1) *La Philosophie occulte* (Trad. Française).

l'origine de la matière. On y reconnaîtra facilement la doctrine occulte des trois mondes : divin, astral, physique ou plan des principes, des lois et des faits.

Pour compléter ces notions élémentaires, il me reste à parler de la *putréfaction*, qui se rattache étroitement aux idées des Hermétistes, puisque tout le livre de notre auteur est basé sur la façon dont la nature détruit les corps par la putréfaction et les reconstitue ensuite. C'est un point extrêmement important sur lequel je voudrais attirer l'attention du lecteur.

Pourquoi, en effet, Rupé Scissa, dont nous allons essayer les secrets, recommandait-il toujours de commencer par faire pourrir les corps dont on aura à s'occuper ?

Il obéissait en cela à la loi alors en vigueur. Aujourd'hui, si un pharmacien prenait le soin de faire pourrir les plantes qu'il prépare, il ne pourrait y arriver, le temps lui manquant; aussi, ses produits sont-ils extrêmement loin d'atteindre au dynamisme, à la radio-activité des élixirs alchimiquement préparés.

On trouvera ci-dessous un résumé sur la putréfaction que les philosophes ne craignaient pas d'appeler *la clef de la nature*.

Lorsque l'éther est seul, il est incorruptible;

mais, dès qu'il se mêle aux éléments, il pourrit
aussi avec eux de façon à créer son semblable
dans les éléments inférieurs (c'est-à-dire dans
la matière minérale, végétale, animale), telle
qu'elle paraît à nos yeux. Les corps matériels
ne peuvent être produits et détruits sans la
putréfaction.

Leur faculté de putréfaction varie beaucoup ;
elle est très grande chez les animaux, moindre
chez les végétaux, à peine sensible chez les minéraux (sauf pour le fer).

Par la putréfaction, les minéraux deviennent végétaux ; les végétaux, animaux. C'est le
forgeron merveilleux, qui fait d'un solide un
liquide, d'un liquide un gaz, d'un gaz un éther,
et inversement. Il y a dans toute putréfaction,
un Esprit qu'on pourrait appeler force de dis-
sociation : il sépare le pur de l'impur ; il conjoint
et coagule les molécules formant un être et
cela, jusqu'au terme de cet être ; puis, il le pu-
tréfie de nouveau, il le résoud, le sépare ; cet
esprit est donc le générateur, le conservateur,
le destructeur et le régénérateur de toutes
choses.

Dans son principe, il est entièrement invisible et intangible ; mais lorsqu'il descend dans
un corps, il est matérialisé en partie ; il devient

alors visible et palpable ; il paraît à nos yeux
sous une forme très blanche, cristalline, transparente ; il est froid comme la glace, et cependant, s'il était rassemblé en grande quantité, il
ferait tout sauter,

« C'est lui qui cause les tremblements de
« terre ; il est répandu dans toutes les créatures
« et les fait vivre. Il est le principe de la nais-
« sance, de la destruction, de la régénération. Il
« n'est jamais en repos.

« Riplée définit la putréfaction, la mort des
« corps et la division des matières de notre
« composé, qui les conduit à la corruption et
« les dispose à la génération. La putréfaction
« est l'effet de la chaleur des corps, entretenue
« continuellement, et non d'une chaleur appli-
« quée manuellement. Il faut donc se donner
« garde de pousser la chaleur excitante et exté-
« rieure au-delà d'un degré tempéré ; la matière
« se réduirait en cendre sèche et rouge, au lieu
« de noir, et tout périrait.

« La putréfaction succède ordinairement à la
« solution, et souvent on la confond avec la di-
« gestion et la circulation. On regarde la putré-
« faction comme le quatrième degré des opéra-
« tions chimiques : elle en est LE PRINCIPAL et
« devrait être regardée comme *le premier ;* mais

« l'ordre et le mystère demandent qu'on lui
« donne cette place, dit Paracelse; elle est connue
« de très peu de gens ; et ces degrés ajoute-t-il
« (livre VII de *la Nature des choses*), doivent se
« succéder comme les anneaux d'une chaîne,
« ou les échelons d'une échelle ; desquelles, si
« on en ôte un, il y aurait une interruption, le
« prisonnier se sauverait, l'on ne pourrait par-
« venir au but que l'on se propose et tout
« l'œuvre périrait.

« La putréfaction a tant d'efficacité qu'elle dé-
« truit la nature ancienne et la forme du corps
« putréfié ; elle le transmue dans une nouvelle
« manière d'être pour lui faire produire un fruit
« tout nouveau. Tout ce qui a vie y meurt ; tout
« ce qui est mort s'y pétrifie et y trouve une nou-
« velle vie. La putréfaction ôte toute âcreté des
« esprits corrosifs du sel et les rend doux ; elle
« charge les couleurs, elle élève le pur au des-
« sus et précipite l'impur en les séparant l'un
« de l'autre.

« Lorsque les physiciens disent qu'il ne se fait
« point de génération sans que la putréfaction
« ait précédé, on ne doit pas l'entendre d'une cor-
« ruption ou putréfaction intime des principes
« du mixte et de la substance propre du com-
« posé, mais de celle qui produit simplement la

« solution du sperme extérieur (1) et qui dé-
« gage les principes des liens qui les embarra-
« saient et les empêchaient d'agir. Lorsque la
« putréfaction passe ce degré, les diverses es-
« pèces de mixtes (2) n'engendrent pas leurs
« semblables, et dégénèrent en d'autres mixtes,
« comme le froment dégénère en ivraie. Ainsi
« la putréfaction entière ou substantielle éteint
« la forme du mixte.

   « La putréfaction physique d'un corps est la
« purgation de l'humide radical (corps astral)
« par la fermentation naturelle et spontanée des
« principes purs et homogène avec les impurs
« et les hétérogènes » (Pernety).

On comprend donc qu'il faut commencer par
faire pourrir un corps sur lequel on veut agir,
car ainsi on l'ouvre, on le dispose à un changement, à une évolution, puisque c'est la voie
suivie par la nature elle-même.

On le voit, ces notions sur la putréfaction
complètent bien cet aperçu des idées des anciens
Hermétistes sur la nature.

Je vais maintenant tenir la promesse que j'ai

---

(1) La force qui tient réunies les molécules d'un corps
dans une forme extérieure.

(2) Un mixte est ce que nous appelons corps composé.

fait de citer *in extenso* deux ou trois expériences alchimiques.

La première est destinée à donner la preuve que la nature ne mêle jamais les divers corps sans se conformer à leur degré de subtilité ;

La deuxième, la plus importante, à faire voir que l'eau de pluie, la rosée contiennent les quatre éléments (les trois règnes de la nature).

La troisième, enfin, permet de rendre visible la forme que prend sur le plan physique l'esprit universel.

PREMIÈRE EXPÉRIENCE

Prenez une terre quelconque des champs, ou des prés; versez-y de l'eau et broyez bien; laissez ensemble reposer ; les parties les plus grosses de la terre se précipiteront, et l'eau se chargera de la partie la plus subtile qui constitue le « sel » (ou lien entre l'esprit et le corps de cette terre) (*corps astral*).

Lorsque la partie la plus grossière, ou terre, est enlevée, l'eau ne peut plus agir sur la terre « qui reste, étant trop faible pour cela.

« Il faut donc d'abord réduire en eau la terre « plus faible qu'elle contient encore, et on y « arrive par une distillation ; elle acquerra

« alors de nouveau la force de séparer dans la
« terre restante les parties les plus subtiles des
« plus grossières, de les réduire également en
« eau qui agisse de nouveau sur la terre, et
« ainsi de suite. »

DEUXIÈME EXPÉRIENCE

« Prenez et amassez de la rosée ou de la
« pluie, ou de la neige, des frimas ou de la
« gelée, lesquels vous voudrez (le procédé sera
« plus court et meilleur si vous prenez de l'eau
« de pluie, surtout quand il tonne) ; mettez-la,
« dans un tonneau propre, filtrez-la, afin qu'elle
« ne retienne pas de saletés des toits ou du ton-
« nerre.
Vous aurez une eau cristalline, claire et trans-
« parente, qui n'a point de goût particulier et
« qui ressemble à l'eau de fontaine. Bref, une eau
« très limpide, très pure et très bonne à boire.
« Mettez cette eau en un endroit tiède sous un
« toit, où le soleil, la lune, le vent ni la pluie ne
« puissent donner; couvrez-la d'un linge, ou d'un
« fond de tonneau afin, qu'aucune impureté n'y
« puisse tomber; laissez-la dans cet état pen-
« dant un mois sans la remuer ; vous y verrez
« pendant ce temps-là une grande altération

« dans sa nature ; elle commencera bientôt a
« être mise en mouvement par l'esprit qui y est
« implanté ; elle tiédira et s'échauffera insensi-
« blement, se putréfiera, deviendra puante et
« nébuleuse.

« On y verra l'*esprit* ou l'*archée* opérer une
« séparation du subtil d'avec le grossier, du
« clair avec l'épais, car il s'y élèvera une terre
« qui s'augmentera de plus en plus, deviendra
« pesante et tombera au fond. Cette terre, que
« l'archée sépare est de couleur brune, spon-
« gieuse, aussi douce au tact qu'une laine fine,
« gluante, visqueuse et oléagineuse. C'est le
« véritable *Guhr* universel.

« Le curieux verra sensiblement deux choses,
« savoir : l'*eau* et la *terre* dans lesquelles *le ciel*
« et *l'air* sont cachés ; car nous ne pouvons pas
« voir le ciel, à cause de la faiblesse de notre
« vue ; nous voyons bien l'air, lorsqu'il vole dans
« sa sphère en forme de vapeur, fumée, ou
« brouillard, mais ici, l'air est réduit en eau et
« et contenu dans l'eau, de même que le ciel.
« L'amateur y trouvera donc deux éléments
« visibles, l'eau et la terre (1). Auparavant, il n'y
« avait qu'une eau volatile ; à présent, la terre

_____

(1) Matières liquide et solide.

« s'est rendue visible, par la bégninité de la pu-
« tréfaction ou de la tiède digestion ; quant au
« ciel et à l'air (1), il faut que nous les cher-
« chions par une autre voie.

« Après que l'eau de pluie s'est ainsi troublée,
« remuez bien le tout ensemble, versez-la dans
« un matras de cuivre que vous mettrez sur un
« fourneau, faites-y du feu pardessous, afin que
« l'eau commence à s'évaporer, et vous verrez
« sortir du matras une vapeur, une exalaison,
« fumée ou brouillard; voilà l'air (2) qui ren-
« ferme en soi le ciel.

« Si vous voulez prendre l'air et le réduire en
« eau, conjointement avec le ciel, vous n'avez
« qu'à adapter au matras un chapiteau à bec
« avec son vase de rencontre, comme font les
« distillateurs d'eau-de-vie ; cette vapeur se
« condensera dans le chapiteau et s'élèvera en
« forme d'une eau claire et cristalline dans le réci-
« pient; distillez la quatrième partie de l'eau que
« vous avez mise dans le matras, vous aurez le
« ciel et l'air joints ensemble, et séparés de l'eau
« et de la terre sous la forme d'une belle eau.

« Vous y distinguerez le ciel par son éclat

(1) Parties les plus claires de l'eau.
(2) Les parties les plus volatiles de l'eau.

« lumineux, car cette eau, surtout si elle a été
« rectifiée, sera beaucoup plus éclatante qu'elle
« n'était auparavant, ou que n'est une eau de
« fontaine, quelque limpide qu'elle soit; ce qui
« démontre clairement qu'elle contient une
« vertu supérieure ou qu'elle renferme en soi
« une qualité céleste. Après que vous aurez
« l'air et le ciel, vous les mettrez à part et con-
« tinuerez à distiller jusqu'à une consistance
« épaisse comme du miel fondu, mais point
« jusqu'à siccité; car vous brûleriez la terre
« vierge encore tendre, et qui n'a pas acquis la
« suprême fixité ; vous mettrez à part cette
« seconde eau distillée qui est le troisième élé-
« ment.

« Pour ce qui est resté dans le matras, c'est-à-
« dire la terre encore très humide, vous la reti-
« rerez proprement et la mettrez dans un plat
« de verre que vous exposerez au soleil pour la
« dessécher tout à fait, jusqu'à ce que vous
« puissiez la réduire en poudre avec les doigts;
« ainsi vous aurez les quatre éléments devant
« les yeux : matière solide, liquide, gazeuse,
« éthérée, liquéfiée, mêlée à l'eau.

« Assurons-nous maintenant que ce sont les
« quatre éléments, car sans cela, ce que nous
« en avons dit, serait faux : savoir que c'est

« d'eux que toutes les choses sublunaires
« prennent naissance. Il ne faut pas que per-
« sonne aille s'imaginer de pouvoir produire,
« avec cette eau, des étoiles, des météores,
« parce que cette eau est elle-même une pro-
« duction météorique ; ainsi, je n'en parlerai
« point, nous examinerons seulement si cette
« eau quadruple peut procréer ce qui nous est
« nécessaire, savoir : les animaux, les végétaux
« et les minéraux, lesquels servent à notre
« usage et dont nous tirons notre subsis-
« tance.

« Prenez donc de cette terre, et, si vous vou-
« lez en faire des minéraux, humectez-la un
« peu avec son eau dans un matras et exposez-
« la à la chaleur du soleil dans un endroit où
« ses rayons ne puissent darder. Lorsqu'elle
« sera sèche, humectez-la de nouveau avec son
« eau, mais point avec le ciel et l'air (ou avec
« celle qui renferme le ciel et l'air) ; répétez ces
« humectations et dessiccations plusieurs fois,
« et, si vous voulez, vous réduirez par là toute
« la terre en terre minérale. Vous trouverez
« que, par les humectations et dessiccations, la
« terre sera devenue pesante et sablonneuse,
« notez qu'il suffira que le matras soit toujours
« bouché avec un chiffon de papier seulement,

« et même pas trop serré, afin que l'air y puisse
« mieux pénétrer.

« Lorsque vous verrez que la terre sera ré-
« duite en sable, vous ne douterez plus que le
« sable ne soit un minéral, car, sûrement, il
« n'est ni dans la classe des végétaux, ni dans
« celle des animaux ; par conséquent, il ne sau-
« rait être qu'un minéral. Lorsque vous aurez
« quantité de ce sable, prenez-en un peu, faites-
« en un essai, comme on le fait avec une terre
« minérale, et vous y verrez un vestige d'or et
« d'argent.

« Si de la terre susdite vous voulez tirer un
« végétal, prenez de cette terre desséchée et
« pulvérisée par la chaleur du soleil 2 par-
« ties de son eau et 1 partie de ciel et d'air ;
« mêlez ces eaux ensemble et humectez-en la
« terre comme font les jardiniers, de manière
« qu'elle ne soit ni trop sèche ni trop humide,
« exposez-la à l'air, non au soleil, et vous y
« verrez croître toutes sortes de petites herbes.
« Si vous y mettez de la graine d'une plante, le
« fruit de cette semence ne manquera pas d'y
« croître ; par là vous aurez une procréation
« végétable.

« Si vous voulez en tirer de l'animal, vous
« prendrez de la susdite terre desséchée au so-

« leil et pulvérisée, et vous la détremperez avec
« 1 partie d'eau et 2 ou 3 parties de ciel et
« d'air mêlées ensemble, y ajoutant de ce mé-
« lange, jusqu'à ce que la terre soit de con-
« sistance d'un miel clair fondu ; mettez-la dans
« un endroit tiède, à une petite chaleur du so-
« leil. de manière qu'il n'y darde pas trop ses
« rayons; vous y verrez dans peu de jours un
« remuement et un fourmillement de toutes
« sortes de petits animaux de différentes es-
« pèces. Si l'eau et l'humidité diminuaient trop,
« vous l'humecterez de nouveau avec le même
« mélange d'eau, afin que tout reste dans la
« même consistance mielleuse. Vous verrez
« que les premiers animaux disparaîtront en
« partie; qu'il en naîtra d'autres, que quelques-
« uns serviront en partie de nourriture à
« quelques autres qui en tireront leur subsis-
« tance et leur accroissement.

« J'enseignerais volontiers ici une manipula-
« tion, par laquelle on pourrait produire toutes
« sortes d'animaux de l'espèce qu'on voudrait;
« mais, afin qu'on ne me taxe pas de m'ingérer
« dans les fonctions du Créateur, j'aime mieux
« en garder le silence. On devrait pourtant rai-
« sonner avec plus de solidité et penser que
« Dieu a créé tout de rien et sans matière, au

« lieu que nous, en voulant l'imiter faiblement,
« nous ne saurions nous passer de la matière
« créée. Dieu ne nous a pas défendu de nous
« recréer dans ses ouvrages et ses créatures,
« mais il le commande plutôt à ses élus, et le
« leur a révélé en secret comme une science
« cabalistique par laquelle ils peuvent parvenir
« de plus en plus à la connaissance de Dieu. »

Nous voyons par cette belle expérience que
l'eau de pluie et la terre qu'elle contient peuvent
reproduire les trois règnes. Nous pouvons donc
être certains qu'elle est la semence universelle
de laquelle toutes choses peuvent être procréées
une fois qu'elles ont été formées en principe
dans le chaos originel.

Peu de gens connaissent la cause de la fécon-
dité que donne l'eau de pluie. Certes, c'est
l'esprit qu'elle renferme qui agit, mais il est
trop volatil pour qu'elle puisse le faire sans
prendre un corps palpable et visible. Beaucoup
touchent souvent le corps sans s'en douter, et
on peut le recueillir en quantité. Très peu de
gens connaissent l'origine de cette semence
concentrée, condensée, qui est réellement « l'esprit du monde » dans un corps diaphane, cristallin. C'est une eau sèche qui ne mouille pas
les mains, une terre aqueuse et ignée; un feu

coagulé; une chose, en un mot, plus précieuse
que tous les trésors.

Voici comment on peut le rendre perceptible
à nos sens :

TROISIÈME EXPÉRIENCE

« Prenez de l'eau putréfiée du tonneau ci-
« dessus plein un vase de verre ou un chau-
« dron, faites-la évaporer sur le feu jusqu'au
« tiers, laissez-la refroidir jusqu'à la petite tié-
« deur. Filtrez-la bien de toutes les fèces dans
« un vase ou plat d'étain, de verre ou de bois ;
« plongez ce vase dans une eau fraîche.

« Vous verrez dans une nuit cet esprit du
« monde s'y montrer en deux différentes for-
« mes, ou y prendre deux corps différents : l'un
« cristallin, diamantin et transparent, qui s'at-
« tachera aux côtés et aux bords du vase ; et
« si on met, dans le vase, des petits morceaux
« de bois, il s'y attachera aussi et l'autre res-
« tera au fond en une forme tirant un peu sur le
« brun.

« Prenez séparément celui qui s'est attaché
« aux côtés et aux bords du vase ; conservez-le
« bien proprement ; retirez aussi celui qui est
« au fond, en versant l'eau par inclination ; sé-

« chez-le bien au soleil ou doucement sur un
« fourneau tiède ; conservez-le aussi séparément
« *adressez-vous avec ces deux au boîteux Vulcain*
« *(au feu) ; il vous dira qui ils sont et comment*
« *ils s'appellent.*

« Jetez le premier qui s'est attaché aux côtés
« du vase sur des charbons ardents ; son inflam-
« mation subite vous apprendra que c'est le
« *nitre*. Jetez aussi le second sur les mêmes
« charbons ; au bruit qu'il fera, vous reconnaî-
« trez le *sel* : un sel ordinaire, alcalin et décré-
« pitant. »

J'espère que ces trois réalisations, quoique
difficiles à reproduire, feront bien comprendre
la pensée de l'auteur.

J'aurais pu continuer encore ces citations in-
téressantes qui nous révèlent l'âme des philosophes.

Je dois me borner ; et ces quelques notes seront, j'espère, suffisantes pour le but que je
me proposais.

Passons donc à l'étude du laboratoire compliqué des alchimistes et de son adaptation
moderne.

CHAPITRE II

LES ANCIENS APPAREILS DES HERMÉTISTES

J'ai résumé précédemment, à titre de documentation, quelques-unes des théories principales des alchimistes sur la nature, et j'ai cité un certain nombre d'expériences types d'art spagyrique, non pour qu'on les reproduise, ce que je crois extrêmement difficile, mais pour faire voir ce que pourraient obtenir en dehors de la pierre, les initiés Hermétistes, et pour faire comprendre que les expériences, les faits venaient réellement en seconde ligne, les principes et les lois étant jugés par eux bien autrement importants.

Dans le même but, avant de donner quelques conseils pratiques et de décrire le très simple laboratoire moderne, je voudrais consacrer quelques pages à titre de curiosité et aussi d'enseignement, à la reproduction sommaire des principaux instruments et appareils de l'ancien laboratoire.

On verra que cette étude ne sera pas inutile ; de plus, les planches ci-jointes ne sont pas très faciles à trouver en dehors des bibliothèques. Les numéros placés sous chaque figure permettront de se reporter à l'appareil décrit.

Voici, d'abord, quelques détails sur les fourneaux (1) :

« Les philosophes alchimiques ont aussi leur « fourneau, dont ils font un grand secret. D'Es- « pagnet qui passe entre eux pour véridique, « le décrit ainsi : Ceux qui sont expérimentés « dans les opérations du magistère ont appelé « *fourneau* ou four le troisième vase qui ren- « ferme les autres et conserve tout l'œuvre, et « ils ont affecté de le cacher fort secrètement ; « ils l'ont nommé *Athanor* parce qu'il entre- « tient un feu immortel et inextinguible ; car il « administre dans les opérations un feu conti- « nuel, quoique inégal quelquefois selon la qua- « lité de la matière et la grandeur du fourneau.

« On doit le faire de briques cuites ou de terre « glaise ou d'argile bien broyée et tamisée, mê- « lée avec du fumier de cheval et du poil, afin

(1) Don Pernety.

« que la force de la chaleur ne le fasse pas cre-
« vasser ; les parois auront trois ou quatre doigts
« d'épaisseur, pour pouvoir mieux conserver
« la chaleur et résister à sa violence.

« Sa forme sera ronde, sa hauteur intérieure
« de deux pieds ou environ ; l'on adaptera au
« milieu une plaque de fer ou de cuivre, percée
« de quantité de trous soutenue de quatre ou cinq
« broches de fer, enchâssée dans les parois du
« fourneau. Le diamètre de cette plaque aura
« près d'un pouce de moins que le diamètre in-
« térieur du fourneau, afin que la chaleur puisse
« se communiquer plus aisément, tant par les
« trous que par l'espace qui reste vide entre la
« plaque et les parois. Au-dessous de la plaque
« sera pratiquée une petite porte pour adminis-
« trer le feu, et au dessus, une autre pour exa-
« miner les degrés du feu avec la main. Vis-à-
« vis de cette dernière, on pratiquera une fe-
« nêtre close avec du verre, afin de pouvoir par
« là voir les couleurs qui surviennent à la ma-
« tière pendant les opérations. Le haut du four-
« neau doit être fait en dôme, et la calotte doit
« être amovible pour pouvoir mettre les vases
« contenant la matière sur le trépied des arcanes
« qui sera posé au milieu de la plaque. Lors-
« qu'on a posé ainsi les vases, on met la calotte

« sur le fourneau, et on en lute les jointures,
« afin que tout ne fasse plus qu'un corps. Il faut
« aussi avoir soin de bien clore les petites
« fenêtres pour empêcher que la chaleur ne
« s'exhale. »

Philalethe en donne une description à peu
près semblable.

« Quoique les philosophes chimiques n'aient
« pas communément divulgué la construction
« du fourneau dont nous venons de parler, ce
« n'est cependant pas celui qu'ils appellent leur
« fourneau secret »; ils entendent souvent par
« là, *le feu de la nature*, qui agit dans les
« mines pour la composition des métaux, et,
« plus souvent, leur eau céleste ou leur mer-
« cure ; c'est pourquoi Philalèthe (*fons chimi-*
« *cæ philosophicæ*)dit. *Nous n'avons donc qu'un*
« *vase, qu'un fourneau, qu'un feu, et tout cela*
« *n'est qu'une chose, savoir : notre eau.*

« Si la Chimie hermétique est vraie, ceux qui
« cherchent la pierre philosophale par les vases
« de la chimie vulgaire ont donc grand tort de
« faire construire tant de différents fourneaux,
« suivant les opérations différentes auxquelles
« ils veulent procéder: l'un pour les sublima-
« tions, un autre pour les calcinations, un troi-
« sième pour la fusion, un quatrième pour le

« réverbère, un autre pour les digestions, plu-
« sieurs enfin pour les diverses distillations.
« Tous les philosophes chimiques s'accordent
« tous à dire qu'il n'en faut qu'un *seul qui sert*
« *à toutes ces différentes opérations qui se font*
« *toutes dans le même vase sans le changer de*
« *place.* Ce qui a fait dire au cosmopolite connu
« sous le nom de *Sendivogius :* Si Hermès, le
« père des philosophes, ressuscitait aujourd'hui
« avec le subtil Geber, le profond Raymond
« Lulle, ils ne seraient pas regardés comme
« des philosophes par nos chimistes vulgaires,
« qui ne daigneraient presque pas les met-
« tre au nombre de leurs disciples, parce
« qu'ils ignoreraient la manière de s'y prendre
« pour procéder à toutes ces distillations, ces
« circulations, ces calcinations et toutes ces
« opérations innombrables que nos chimistes
« vulgaires ont inventées pour avoir mal en-
« tendu les écrits allégoriques de ces philo-
« sophes. »

Le fourneau, dit l'alchimiste Rhenanus (1613),
est l'appareil dans lequel le feu est gouverné
convenablement et avec habileté, afin de faire
subir à la matière un certain travail chimique.
Il peut être ouvert ou non.

Les fourneaux ouverts sont ceux dont la partie supérieure est ouverte ; on les divise en fourneaux à essai et en fourneaux à air. Le fourneau à essai ou docimastique est un fourneau ouvert, dans lequel les métaux les plus parfaits sont purifiés, essayés. Ce fourneau, le plus souvent en terre ou en fer, de peu d'épaisseur, rarement en briques, se construit de la façon suivante (*fig.* 1). On prend une plaque de fer ou de terre réfractaire; on la dispose en cadre, de façon que la largeur d'un pied divisé en douze parties constitue l'étendue de la base et six fois en fasse la longueur; mais, quand en longueur la mesure a été prise huit fois, le fourneau doit être incurvé, en lui donnant une légère inclinaison de façon qu'il devienne plus étroit de quatre mesures et que l'ouverture conserve seulement la valeur de sept mesures. Il convient alors que l'épaisseur de la plaque soit d'une mesure et demie, mais, par contre, que le fond et la base en terre marquée par la lettre A n'ait que trois quarts de mesure. Ceci fait, il faut prendre à nouveau trois mesures à partir de la base et quatre en largeur qui vont constituer l'ouverture du bas indiquée par la lettre B. A partir du sommet de cette ouverture, la paroi doit être continuée par deux mesures qui remplissent l'espace compris entre cette

même ouverture et celle qui lui fait suite immédiatement ; cet intervalle est marqué par la

FIG. I

lettre C. De là, on compte encore trois mesures
et demie et quatre en largeur. Ce qui fournira
l'emplacement et les dimensions de cette deuxième ouverture qui se fera en D.

On portera au-dessus d'elle la longueur d'une mesure et on percera au milieu un petit trou, à peine de la dimension d'un petit doigt et qui permettra de remuer le charbon avec une tige de fer. De plus, à trois quarts de mesure de cette ouverture à gauche et à droite, on fera deux autres trous marqués FF, admettant à peu près un doigt ; dans ces trous auxquels doivent correspondre deux autres trous dans la paroi opposée, il faut placer des tiges de fer, qui a la paroi intérieure dépassent de quatre doigts ; alors à chaque ouverture, pour modérer le feu, on pratiquera une porte avec une anse destinée à la saisir. La porte supérieure aura un trou oblong pour qu'une fois fermée, rien ne soit cependant inaccessible aux regards ; l'inférieure en aura un rond et plus grand pour le tirage. Sur la tige de fer est placée une plaque de terre creusée sur trois faces, pour que les cendres puissent passer, la quatrième face intacte, et bien appliquée sur la paroi antérieure. Par-dessus est placé la plancher du four et du moufle qui doit être sur les côtés et en arrière de deux mesures et demie ; en outre, un trou rond est creusé près de l'ouverture supérieure pour ménager l'air : il est indiqué par G, lettre qu'on trouve également sur la fenêtre de la porte inférieure. Tout cela ainsi disposé, on imprime dans la terre encore molle des fossés ou sillons destinés à recevoir des plaques de fer qui renforcent le fourneau ; celui-ci est enfin mis à sécher au soleil et porté au potier qui le cuira soigneusement.

C'est là la meilleure manière de construire un fourneau docimastique, autant parce qu'il ne s'obstrue pas facilement par les cendres et qu'il est propre, en outre, à toute opération docimastique, que parce qu'il dépasse de beaucoup tous les autres par son heureuse disposition pour diriger le feu.

Après avoir parlé de fourneaux simples, nous sommes amenés aux fourneaux composés ou complexes, c'est-à-dire ceux où un feu unique entretient plusieurs fourneaux, c'est l'*athanor*.

L'*athanor*, aussi appelé fourneau philosophique ou secret, est spécialement construit en vue de fournir une chaleur convenable, le feu n'atteignant pas le vase pour l'élaboration de la pierre secrète des philosophes. Bien des gens ont imaginé de nombreux modèles de ce même fourneau ; toutefois, il en est un de notre invention qui nous paraît bien remplir le but désiré et qui surpasse tous les autres, non seulement par le fait de la contiguïté du feu, mais aussi par sa modération facile. On fait (*fig.* 2) un mur rond, haut d'un pied avec un espace laissé

FIG. 2

libre sur une face pour l'ouverture servant à extraire les cendres; on établit dessus une grille de fer, et, sur cette grille on élève un mur en

hauteur comme une petite tour plus large en
bas qu'en haut, ce que nous indiquons par la
lettre D ; au-dessus de la grille, on ménage une
autre petite ouverture C, afin de remuer le charbon avec un crochet de fer. C'est cette tour que
l'on remplit de charbon jusqu'en haut et qu'on
ferme ensuite avec un couvercle de terre E ;
par derrière, à proximité de la grille, nous laissons ouvert un trou F, pour que la chaleur pénètre dans l'athanor, et, ce trou, nous le fermons avec une plaque ou porte G que quelques-
uns appellent « registre », et que l'on peut sou-
lever ou abaisser à volonté. A cette tour ainsi
construite, nous annexons un fourneau latéral,
ou athanor proprement dit ; on fait un mur
rond, d'un pied et demi de haut appliqué exactement au mur postérieur de la tour marquée I ;
sur ce mur nous élevons un four cintré K, laissant au sommet de la voûte un trou L comme
un thaler impérial par lequel la chaleur, qui
s'est en quelque sorte réverbérée en cet endroit
grâce à la voûte, puisse monter dans le four
suivant ; de cette même voûte, nous élevons un
autre mur d'un pied et demi, et nous le fermons
par la voûte N, au sommet de laquelle nous
pratiquons un orifice O, comme à celle du bas.
Il faut sur une face de la partie médiane lais-

ser un endroit libre par lequel on peut entrer et
retirer la matière, car c'est cette partie médiane
qui est le siège du travail que va subir la matière dans son vase placé sur un trépied.

A cette ouverture il faut une porte bien appliquée et qui ferme parfaitement, de peur
qu'un peu d'air puisse s'introduire par cette
voie; quatre doigts au-dessus de cette seconde
voûte à partir de sa base, on ménage quatre
soupiraux avec leurs obturateurs PP servant à augmenter ou à diminuer la chaleur,
et l'on ferme le fourneau avec la troisième
voûte Q.

Passons maintenant aux autres instruments.
On remarquera leur forme volontairement en
rapport soit avec l'homme, soit avec les animaux. On a conservé à ces dessins leur naïveté
primitive. Ils correspondent aux divers degrés
de feu.

La fiole (*phiala*) est un vase de terre au ventre
sphérique, au col long et grêle ; on l'emploie
fréquemment dans les solutions et coagulations
(*fig*. 3).

Le *circulatorium* est un vase de verre dans
lequel la liqueur y incluse, montant et descendant, est entraînée dans un mouvement rota-
toire comme dans un cirque ; on l'emploie dans

les sublimations et circulations. Différentes per-

FIG. 3

sonnes en ont imaginé plusieurs sortes ; j'en
citerai seulement deux très estimées et très

FIG. 4

employées qui nous plaisent davantage, à savoir : le *pélican* et le **Dyota**.

Le pélican (*fig.* 4) est un vase circulatoire ayant la forme de l'oiseau et représenté au moment où il se perce la poitrine de son bec pour nourrir ses petits ; il possède un large ventre se continuant par un col étroit, lequel, recourbé, vient déboucher dans le ventre lui-même. Au fond de ce vase est un canal, par où l'on verse la liqueur et qui est, au moment de la chauffe, scellé du sceau d'Hermès.

Le Dyota (*fig.* 5) est un vase circulatoire à deux anses, comme un homme qui aurait ses deux bras touchant ses côtés ; la partie inférieure est en forme de cornue au sommet de laquelle est un alambic ayant un canal destiné à y verser la liqueur. A cet endroit, se trouvent les deux bras recourbés amenant dans la cornue le liquide condensé dans le chapiteau.

Il y a aussi une autre espèce de vase circulatoire, dont Raymond Lulle fit un fréquent usage et qu'il est intéressant de reproduire ici : la *cucurbite* est un vase au ventre d'habitude renflé en forme de courge (*cucurbita*) ou de poire ; il y a des cucurbites à fond plat, d'autres à fond

FIG. 5

FIG. 6

rond. On trouvera enfin sur les figures 6 et 6 *bis*
deux autres exemples curieux de vases rappe-

FIG. 6 *bis*

lant la forme humaine et la forme d'un oiseau (1).

Les appareils décrits ci-dessus sont tirés d'ouvrages alchimiques; voici maintenant quelques
planches curieuses empruntées à la chimie célèbre de Lemery (1701). Elles sont de nature à
intéresser le lecteur et à lui donner une idée
complète de l'ancien laboratoire.

(1) Rhenanus.

PLANCHE PREMIÈRE

Fourneau de réverbère fixe à une seule cornue

A le cendrier. — B, le foyer. — C, la cornue soutenue par deux barres de fer. — D, le dôme. — E, petite cheminée.— F, ballon ou récipient. — G, dôme séparé du fourneau. — H1, fourneau du réverbère fixe, à deux cornues sans récipient. — KL, les cols des cornues. — M, dôme avec son bouchon. — N, dôme séparé sans bouchon.— O, cornue ou retorte. — P, petite cheminée séparée. — Q, fourneau de fusion portatif avec ses trous ou registres. — R, trépied pour le soutenir. — S, dôme se séparant en deux pièces. — T, Petite cheminée. — U, pot de terre percé au milieu de sa hauteur. — X, son bouchon en bas. — Y, trois aludels de terre. — Z, Chapiteau de verre. —

PLANCHE I

PLANCHE 2

AB, grand fourneau de réverbère fixe à six cornues. — C, porte du foyer. — DE, les six cornues soutenues par trois barres de fer. — FG, les six récipients adaptés aux cornues. — H, cornues séparées. — I, récipient de grès séparés. — K, fourneau fixe pour placer une grande cucurbite de cuivre. — L, cucurbite de cuivre étamée en dedans. — M, tête de mort. — N, tuyau de cuivre étamé passant dans un tonneau rempli d'eau. — O, récipient de verre. — P, robinet pour faire sortir l'eau du baril à mesure qu'elle est chaude. — Q, matras. — RS, matras avec son chapiteau adapté. —

PLANCHE 2

PLANCHE 3

A, fourneau fixe pour placer une grande cucurbite de cuivre. — B, grande cucurbite de cuivre étamée en dedans. — C, petit tuyau de cuivre avec son bouchon. — D, serpentin d'étain. — E, tête de mort. — F, G, deux barres de fer attachées à la muraille qui soutiennent le refrigérant. — H, récipient. — 1, fourneau fixe pour placer un bain de vapeur. — K, grand bassin de cuivre qui entre dans le fourneau pour contenir l'eau. — L, soupirail. — M, anse du bassin. — N, grande cucurbite de cuivre étamée en dedans dont le fond s'emboîte dans le haut du bassin. — O, chapiteau et réfrigérant. — P, robinet pour faire sortir l'eau à mesure qu'elle est chaude. — Q, récipient. — R, siphon. — S, petit fourneau et une capsule avec du sable et une terrine remplie de liqueur au milieu pour faire évaporer. — T, petit fourneau. — V, la marmite en fer. — X, son couvercle. —

PLANCHE 3

PLANCHE 4

A, bain-marie de cuivre pour distiller à quatre alambics. —
B, conduite pour faire entrer de l'eau chaude dans le bassin
à mesure qu'il s'en consommera. — C, fourneau de fer sur
quoi est posé le bain-marie. — D, bain-marie pour distiller
par un seul alambic. — E, fourneau portatif pour distiller
au feu de sable. — F, le cendrier et sa porte. — G, le
foyer et sa porte. – H, la cucurbite entourée de sable. –
I, le chapiteau. – K, le récipient. — L, cucurbite déta
chée. — M, chapite u détaché. – N, fourneau de fer commun. — O, moule pour faire des paquets de régule d'anti-
moin . — P, Q, vaisseau de rencontre. — R S, pot avec un
cornet de papier pour tirer les fleurs de benjoin. —
T, verre pour faire l'huile de girofle. — V, toile liée autour
du verre contenant les girofles en poudre. — X, écuelle de
terre qui contient les cendres chaudes.

PLANCHE 4

CHAPITRE III

LE LABORATOIRE MODERNE

ADAPTATION

Je pense avoir nettement indiqué mon but :
il est donc inutile de le répéter ici ; cependant,
je veux encore affirmer que je n'ai eu la pensée
d'orienter personne vers la recherche de la
pierre philosophale ou de l'élixir (médecine
universelle). Ce serait, à mon avis, prendre une
grave responsabilité. J'ai voulu, d'abord, appor-
ter mon modeste concours à l'œuvre de vulga-
risation de la science antique à laquelle tant de
maîtres ont consacré leur vie, puis mettre
quelques étudiants sincères à même de reproduire d'anciennes et précieuses formules, trop
oubliées.

La préparation de ces quintessences se rattache à l'alchimie très intimement, bien qu'on ne
doive naturellement espérer y trouver ni la
pierre, ni le mercure des sages ; elle s'y rattache par les principes philosophiques qui sont

les mêmes, et par les procédés qui diffèrent
beaucoup des manipulations chimiques ordinaires et se rapprochent de ceux des Hermétistes. Comme j'écris pour des débutants, étant
un débutant moi-même, je vais donner des détails qui pourront sembler naïfs. Je m'en excuse
auprès des *savants* qui me liront, mais il faut
penser à ceux qui ne *savent* pas.

Le laboratoire sera très simple : une grande
table de bois blanc pour le fourneau à gaz, une
planche pour mettre les cornues, les tubes,
les vases, les produits minéraux, végétaux ou
animaux employés ; une petite armoire fermant
à clef pour renfermer les bocaux et vases
pleins ; une prise d'eau facile, un bec bunsen, et
c'est à peu près tout. Ne pas craindre de faire
simple, plus il y aura de pauvreté dans l'instal-
lation, plus l'Invisible nous aidera ; n'oublions
jamais que nous ne pouvons rien seuls, et que
c'est aux *petits*, non aux orgueilleux que les
plus profonds secrets de la nature sont donnés,
l'Evangile le dit en toutes lettres.

« *Rupe Scissa* » est bien partisan de cette
manière de voir. J'ai remarqué que, lorsqu'il
donne plusieurs façons d'opérer, c'est en général la moins chère qui est la meilleure ; on remarquera cela, par exemple, pour le vin : il

recommande d'abord de se servir de très bon
vin, puis finit par dire qu'on *peut* prendre du
vin pourri. Or, si nous nous souvenrons du passage sur la putréfaction, nous voyons bien que
c'est là en effet le meilleur procédé.

Notre petit laboratoire sera donc installé
d'après ces idées. Ceci dit, nous allons donner
successivement des détails sur le chauffage, les
différents degrés du feu, les luts ou fermeture
des cornues, le petit nombre d'instruments nécessaires ; nous terminerons par quelques conseils concernant les manipulations.

Le chauffage. — D'une façon générale,
on peut remplacer, surtout pour les préparations élémentaires, tous les fourneaux décrits
plus haut parle simple fourneau à gaz.

Le gaz permet de commencer à un petit degré
et d'aller progressivement jusqu'à une très
forte chaleur. Il offre cependant un sérieux in-
convénient : quand il s'agit de travaux exigeant
une très douce chaleur, d'une durée ininterrom-
pue, par exemple de dix ou quinze jours et même
plus, on ne peut l'abandonner à lui-même sans
surveillance ou sans gazomètres spéciaux ; le
moindre courant d'air pourrait l'éteindre et
causer de graves accidents sans parler du tra-

vail perdu. Bien que le mot lampe à huile, dont
se servent souvent
les alchimistes, ren-
ferme un sens secret
on pourra cepen-
dant se servir de
l'appareil (*fig.* 7),
fonctionnant à l'hui-
le qui peut être sans
danger abandonné
à lui-même pendant
la nuit; on n'aura
qu'à changer les
veilleuses tous les
matins, à remettre
de l'huile lorsque ce
sera nécessaire, de
façon à ce que le
niveau reste tou-
jours à peu près le
même. Bien en-
tendu, il faudra
changer les veilleu-
ses, une à une, de
façon à ce que la
chaleur ne soit pas
diminuée. On pourra aussi commencer par

FIG. 7

mettre six veilleuses, puis sept le lendemain, et augmenter ainsi jusqu'à dix environ.

En employant cet appareil et le ballon à long col, on pourra avoir des résultats très intéressants par la digestion soit de l'alcool, soit de l'eau provenant de la putréfaction des plantes, des minéraux ou des animaux.

Notons, cependant, que toutes les fois qu'il sera possible de travailler le jour et à des opérations durant seulement quelques heures, le gaz sera infiniment préférable.

Puisque nous parlons du feu, rappelons les différents procédés destinés à obtenir des degrés variables de chaleur : le bain de sable, de limaille (fer ou cuivre), de cendres, le feu de lampe, le bain-marie, et enfin le feu directement placé sous le creuset ou la cornue. Pour les bains un simple plat de fer ordinaire rempli de sable, de limaille ou de cendres suffira. Il est inutile de décrire le bain-marie que tout le monde connaît suffisamment. Les anciens employaient aussi la chaleur douce due à la putréfaction du fumier, du marc de raisin, de la chaux vive, etc., mais, sauf à la campagne, cela revient à chauffer plus ou moins (1).

(I) En chimie moderne, on utilise parfois l'effervescence causée par l'acide sulfurique mis en présence de l'eau.

Le feu de limaille donne la chaleur la plus forte ; celui de cendres, la moindre. Dans bien des cas on a besoin d'une chaleur douce concentrée ; pour l'obtenir, l'étudiant ne pourrait se faire construire un *athanor* compliqué. Je recommande le procédé très simple et peu coûteux suivant que je dois à un alchimiste. Sur le gaz ou le fourneau à huile, on place d'abord un assez grand plat de fer contenant le bain de sable, puis un ballon à col long. Autour du ballon, une armature d'abat-jour en métal qui viendra se poser sur les bords du plat.

On recouvrira l'abat-jour d'une large serviette-éponge, et c'est tout ; le liquide contenu dans le ballon sera ainsi soumis à une chaleur très concentrée pendant tout le temps désiré.

Parlons maintenant des luts ; ils sont destinés à fermer le plus hermétiquement possible les cols des ballons ou cornues. On vend des cornues qui sont jointes par des fermetures à l'émeri, mais cela n'est pas suffisant, il faut encore y ajouter un lut. Les luts sont donc des enduits tenaces et ductiles qui deviennent solides en se desséchant ; voici les principaux ; mais le procédé le meilleur pour les circulations est sûrement le bouchon en verre soluble ou fusible qu'on trouve dans le commerce.

« Prenez du sable, du mâchefer, de la terre
« grasse ou argile en poudre de chacun 5 livres ;
« de la fiente de cheval ou de la boue hachée me-
« nue, une livre de verre pilé et de sel marin ;
« de chacun quatre onces (135 grammes) ; mê-
« lez le tout et en faites une pâte avec une quan-
« tité suffisante d'eau, de laquelle pâte ou lut on
« entourera la cornue jusqu'à moitié du cou ;
« puis on la mettra sécher à l'ombre. Ce même
« lut peut servir pour boucher les jointures du
« cou de la cornue avec le récipient ; mais, comme,
« en séchant, il durcit fort et devient difficile à
« détacher, il est besoin de l'humecter avec des
« linges mouillés, lorsqu'on veut séparer le réci-
« pient d'avec la cornue.

   « Le lut dont je me sers ordinairement en
« cette occasion n'est composé que de 2 parties
« de sable et de 1 partie de terre grasse pétris
« ensemble avec de l'eau.

   « Si l'on a besoin d'un lut qui se sépare très
« facilement quand l'opération est faite, il faut
« détremper des cendres criblées dans de l'eau
« et en faire une pâte ; mais ce lut est bien plus
« poreux que les précédents ; on peut le rehu-
« mecter quand on l'a retiré et s'en servir au-
« tant de fois qu'on voudra. Pour les jointures
« des alambics, on se sert de la colle commune

« avec du papier ; mais, quand on fait distiller
« quelque liqueur bien spiritueuse, comme l'es-
« prit de vin, il faut se servir de la vessie mouil-
« lée qui porte avec elle une glu très facile à
« s'attacher. Que si cette vessie est rongée par
« les esprits, on aura recours à la colle suivante
« qu'on appelle : *lut de sapience.*

« Prenez de la farine et de la chaux éteinte,
« de chacune une once (33 grammes), du bol (1)
« en poudre demi-once (15 grammes) ; mêlez le
« tout et en formez une pâte liquide avec une
« quantité suffisante de blancs d'œufs que vous
« aurez auparavant bien battus avec un peu
« d'eau.

« Sceller hermétiquement et clore l'embou-
« chure ou le cou d'un vaisseau de verre avec
« des pincettes rougies au feu. Pour ce faire,
« on échauffe le cou avec des charbons ardents
« qu'on approche peu à peu, l'on augmente, et
« l'on continue le feu jusqu'à ce que le verre
« soit prêt à se mettre en fusion ; on se sert de
« ce moyen de boucher les vaisseaux quand on
« a mis dedans quelque matière facile à être
« exaltée qu'on veut faire circuler. »

On en fait aussi avec des amandes pulvéri-

(1) Terre argileuse.

sées et incorporées avec de la colle d'amidon, avec de la terre glaise séchée et pulvérisée et de l'huile de lin cuite avec un tiers de son poids.

Le lait de chaux se prépare en mettant dans un mortier un blanc d'œuf avec un peu d'eau; on y ajoute de la chaux; on a préparé des bandes de toile qu'on emploie aussitôt.

Voici maintenant une liste des principaux instruments usités; ils ne sont pas tous indispensables, et on pourra encore en rejeter pour simplifier et diminuer les dépenses. Je dois cette liste à un alchimiste qui préfère rester inconnu. Je lui adresse ici tous mes remerciements.

Alambics *verre* (1) bouchés émeri 250 à 1 litre ;
    —   —   *3 litres pour eau distillée ;*
Allonges droites et courbes pour —   —
Appareils Rodriguet pour teintures à froid ;
Ballons fonds ronds et plats assortis de volume ;
    —   cols longs ;
Barils verre à eau distillée ;
Cristallisoirs de diverses grandeurs ;
Cuvettes photo 9 × 12,   13 × 18 verre ;
Entonnoirs verre ;

(1) Les appareils dont les noms sont imprimés en italique, sont les plus utiles.

Eprouvettes à gaz ; éprouvettes à pied ;

Fioles d'attaque de diverses grandeurs (flacons à réactifs) ;

Flacons assortis cols droits et larges ;

—   assortis *bouchés émeri ;*

Bocaux ;

Matras d'essayeur, matras de Wurtz ;

—   *verre et porcelaine ;*

—   *fer ;*

Verres à précipitation et à saturation ;

        à expériences ;

        de montre ;

Capsules verres de Bohême ;

Fioles Erlenmeyer assorties ;

Agitateurs verre ;

Ballons à distillations fractionnées.

Capsules porcelaine ;

Cornues biscuit ;

Creusets porcelaine ;

Terrine grise ;

Creusets terre ;

Four à creuset ;

        à moufle ;

Appareil à déplacement Schlœsing ;

Réfrigérant ;

Tubes à essais et support ;

Eprouvette graduée ;

Thermo 10 × 100 de laboratoire ;

Bain de sable fonte ou cuivre ;

Bouchons liège et caoutchouc ;
Chalumeau d'analyse ;
Marteau de minéralogiste ;
Papier à filtrer ;
Piles Bunsen et accessoires (inutiles pour nos essais) ;
Pince à tubes à essais ;
Pince à creusets fer ;
Supports à anneaux ;
Lampe à alcool ou à gaz ;
Bec Bunsen avec support.

La pratique, créant des besoins successifs, dicte mieux que toute autre méthode les appareils nécessaires aux études entreprises ; ceux qui suivent nous sont un peu personnels, nous ne les donnons qu'à titre de renseignements, non de modèles.

APPAREILS DE LIXIVIATIONS ET DIGESTIONS(¹)

Fig. 8. — *Appareil digesteur et lixiviateur à froid.* —
Même principe, mais la matière occupe le tube refroidis-
seur A B. Le liquide évaporé se condense sur cette matière
jusqu'à ce qu'il occupe le niveau C D, où il se siphonne dans
le ballon.

(1) La lixivation est une opération au moyen de laquelle
on enlève par lavage les sels alcalins que des cendres peuvent
contenir.

Fig. 9. — Appareil digesteur à chaud. — La matière située dans le ballon A est soumise au bain de sable ; sur le ballon est luté un tube courbé débouchant dans une allonge où se refroidissent les gaz et vapeurs. Lorsque le liquide condensé dans la courbe en BC atteint le sommet de cette courbe D, il se siphonne automatiquement et tombe dans le ballon pour être évaporé à nouveau.

Fig. 10. — *Digesteur simplifié.* — Un ballon, un tube lutésc terminant par un petit bouchon de verre simplement posé. Le liquide s'évapore dans les parties froides du tube et retombe; une rosace du bouchon sur la bordure du tube assure une fermeture suffisante et sans danger.

Fig. 11. — *Ballons à distillations fractionnées.* — Servant à recueillir les vapeurs se condensant à différentes températures. La figure montre mieux le fonctionnement que toute explication.

Fig. 12. — *Ballons pour l'œuvre.* — Faire souffler deux
ballons soudés comme le montre la figure : remplir de la
matière de l'œuvre et étirer le col du ballon supérieur : on
se trouvera bien de faire un vide partiel dans les ballons
avant de les fermer.

Fig. 13. — *Athanor I.* — Fait de terre réfractaire en trois parties, A, B, C. La première A sert de dôme et possède un réflecteur hémisphérique concentrant la chaleur sur l'œuf; la deuxième B contient le bain de sable et l'œuf; la troisième C sert à renfermer le système de chauffage ; en D, E, se place une voûte métallique égalisant la chaleur dans B; en F perçant la voûte, un thermomètre plonge dans le bain de sable de l'œuf ; enfin, on peut disposer un carreau muni d'un verre rouge permettant de surveiller les transformations de la matière. Il va sans dire que ce carreau pourra être retiré à volonté lorsqu'on voudra juger de la couleur.

Je peux recommander surtout le ballon à digestions et la disposition des cornues lutées pour distillation lente.

Les renseignements qui précèdent sont très élémentaires, bien que suffisants; c'est surtout en travaillant que l'on apprendra les différentes manipulations citées; il n'y a pas de matières dangereuses à manier, sauf peut-être le mercure. Je dois supposer que tous les étudiants connaissent le danger de respirer ses vapeurs, mais en le chauffant dans une cornue fermée et à toute petite chaleur, il n'y a rien à craindre. Dans le cas seulement où on serait tenté d'aller plus loin, il faudrait avoir une connaissance assez complète des corps dont la combinaison pourrait former un explosif, mais cela tombe sous le sens et je n'ai pas besoin d'insister. Je le répète, pour les expériences par l'alcool et les quintessences minérales, végétales ou animales il ne faut que de la patience et des soins.

Le plus difficile est de suivre le chemin spirituel des vrais philosophes qui ont été des initiés. Je puis l'affirmer, c'est la seule voie, et une simple recherche basée sur ces principes peut donner de meilleurs résultats que de longues années de travaux purement matériels. Que puis-je encore ajouter? Les expériences que j'in-

dique plus loin sont certes élémentaires, mais
on ne doit pas espérer pour cela les réussir dès
la première fois. Une cornue brisée, le feu
éteint, un mouvement maladroit ou même une
cause invisible peuvent tout compromettre au
moment de réussir; le moindre découragement,
la moindre impatience sont à éviter ; on ne
réussit que lorsque l'on est capable de rester
calme et de recommencer en souriant.

Pour la chimie vulgaire, les corps maniés
sont inertes, les procédés rapides sont bien plus
en usage que les lents, les distillations que les
circulations. L'étudiant devra au contraire savoir
que *tout* est vivant, et ne pas craindre de répéter 10 fois une distillation; que pour les hermétistes, le vrai sens de distillation est *circulation*,
travail du corps sur lui-même à l'aide du feu
naturel qui y est contenu. On emploie donc
plutôt le ballon à long col que les deux cornues
qui peuvent cependant être utiles dans certains
cas (indispensable même).

« Le volatil, dit Pernety, emporte et fait mon-
« ter avec lui le fixe; ce dernier à son tour fait
« descendre le volatil et cette circulation se fait
« en vase clos hermétiquement. Cela se fait
« dans le même vaisseau sans feu artificiel, sans
« qu'on remue aucunement. »

J'appelle particulièrement l'attention sur cette citation, elle est *très importante.* Une de ses conséquences pratiques c'est que l'exposition au soleil dans le ballon n° vⅠⅠⅠ d'alcool déjà distillé plusieurs fois ou de l'eau distillée des plantes, de minéraux ou d'animaux préalablement pu-tréfiée, donnerait de très bons résultats.

Abandonner les corps à eux-mêmes, les lais-ser digérer, travailler, grâce à leur *seul feu na-turel,* ce sera aussi une autre clé de la réussite.

Il faut se méfier des acétates, bien qu'il n'y ait pas de danger réel, mais il se produit sou-vent des dégagements assez forts d'acétate et d'acide acétique, si on chauffe sans précau-tions.

Rappelons aussi que les ballons doivent avoir un col très long, comme dans la figure 3 ou la figure 10.

Nous terminerons ces quelques recommanda-tions en reproduisant un procédé extra-simple de distillation sans appareil que l'on pourra essayer avec fruit.

Il suffit de tailler un morceau de drap blanc propre, en triangle. On trempe la base dans un bol couvert d'une plaque de verre et conte-nant de l'alcool ; on laisse tomber la pointe dans un autre bol placé un peu plus bas... et c'est tout : la distillation se fait par capillarité.

Abordons maintenant la préparation de l'alcool.

CHAPITRE IV

PRÉPARATION DE L'ALCOOL

Le livre de Jean de Roquetaillade (dit Rupe Scissa) est basé sur les mêmes principes que ceux indiqués par moi au début de ce travail; il est profondément *Christique*, c'est ce qui m'a attiré vers lui. Il dédie son œuvre aux *pauvres hommes évangélisants*, c'est-à-dire à tous ceux qui ayant senti l'appel du Christ au plus profond de leur être se sont donnés à Celui qui les a choisis, et n'ont d'autre but ici-bas que d'essayer de faire la volonté de leur maître en toutes choses et, appuyés sur l'évangile, de réaliser le plus possible ses enseignements. Rarement riches des biens matériels, mais possédant un trésor plus précieux : la paix du cœur, les pauvres hommes évangélisants vont dans la vie tâchant de faire le bien, et c'est à eux que s'adresse Rupe Scissa.

Avec les modestes appareils à gaz ordinaires, avec quelques cornues, quelques tubes de verre, travaillant, sentant auprès d'eux leur guide, leur pensée fixée sur les êtres souffrants, ils pourront obtenir des élixirs, des eaux qui feront des miracles.

Bien qu'il ait dit beaucoup, qu'il ait parlé très clairement pour un adepte, Rupe Scissa n'a pas entièrement renoncé au langage des hermétistes ; il est certain que nous ne pouvons espérer trouver dans son livre les moyens d'obtenir la quintessence réelle qui n'est autre que le mercure des Philosophes, la pierre sous forme d'élixir. Je sais très bien que le vin dont il parle n'est pas le vin ordinaire, mais le vin philosophique, c'est-à-dire le dissolvant universel des sages. Cet esprit du vin est donc absolument *minéral*, non *végétal*.

Rupe Scissa écrit : « Ne pense pas, je t'en prie, « que je t'ai dit une menterie, parce que j'ai « nommé la quintessence: *eau ardente,* et que « j'ai dit que les médecins ne sont pas parvenus « à sa connaissance, bien qu'elle soit facile à « trouver, car le magister de la quintessence est « caché et il n'y eut jamais qu'un très renommé « théologien qui y entendit quelque chose, et, si, « j'affirme pour vrai que la quintessence est *l'eau* « *ardente* et n'est pas *l'eau ardente*. Or, le Dieu du « ciel veuille mettre prudence au cœur des « hommes évangélisants pour lesquels je fais ce « livre, afin qu'ils ne mentrent pas à homme ré-

« prouvé le secret du très grand Dieu. Mainte-
« nant, je t'ai déclaré la vérité. »

« Cela revient à dire : Je ne mens pas en te disant que la quintessence est l'eau ardente, mais
écoute-moi bien, je te préviens aussi qu'elle ne
l'est pas : l'eau ardente est en effet l'expression connue — pour *mercure des sages — pierre
philosophale;* — mais, s'il est sûr qu'en opérant
sur l'alcool nous n'extrairons pas la *vraie* quintessence, beaucoup d'alchimistes sont d'accord
pour dire que la quintessence d'alcool de vin
ordinaire préparé avec soin est un merveilleux
élixir. « L'Esprit de vin bien rectifié est d'une
« nature si légère, écrit Rulland (*Dictionnaire
« Pernety hermétique*) et si facile à se sublimer
« qu'il semble participer de la nature du *mercure
« lui-même.* On peut tirer, dit un autre, une très
« bonne quintessence de l'esprit de vin vulgaire
« surtout s'il provient du vin passé, gâté. Avec
« un mélange de bon vin fermenté (Pernety) et
« de verjus, on fait un vinaigre, dissolvant de
« beaucoup de corps, etc. »

Nous pouvons donc suivre les renseignements
de Rupe Scissa en sachant borner notre ambi-
tion. Notre auteur commence ainsi son livre (je
cite ses paroles parce qu'elles font voir dans

quel esprit il a été écrit et dans quel esprit aussi
j'essaye de le faire connaître): ·

« J'ai pensé, dit-il, relever les utilités que j'ai
« vues en la philosophie, qui m'ont été mon-
« trées par l'esprit de Dieu, auquel temps, com-
« bien que je fusse mauvais, Dieu vint vers moi
« avec pitié, afin que je révélasse aux hommes
« évangélisants les moyens que ceux qui ont
« méprisé les richesses par amour de l'évangile
« puissent sans enseignement d'homme et sans
« grandes dépenses, guérir les maladies corpo-
« relles. Et je prie Dieu qu'il le permette aux
« bons, aux parfaits ouvriers évangélisants qui
« en voudraient user. Autant qu'il est possible,
« je fais donc ce livre tant seulement pour l'uti-
« lité des bons et le remets en la garde et la pro-
« tection de Jésus-Chrit. »

Je me permets d'émettre aussi cette espérance
que rien de mauvais ne pourra sortir de mon
travail, car je connais la responsabilité de ceux
qui écrivent.

Ceci dit, et rappelant encore les réserves faites au début de ce chapitre, voyons les préparations que nous devons faire subir à l'alcool
pour en tirer non la quintessence elle-même
qui n'est autre chose que la pierre philosophale,
l'élixir de vie, mais au moins la quintessence de

l'esprit du vin ordinaire. Disons encore, d'après
Rupe Scissa, que l'alcool de vin ordinaire répond
bien aux qualités demandées à une quintessence,
c'est-à-dire d'être incorruptible, de n'être ni
chaude ni sèche avec le feu; ni humide ni
froide avec l'eau; ni chaude ni humide avec
l'air; ni froide ni sèche avec la terre. En effet,
l'esprit rectifié de vin ordinaire peut brûler,
donc il n'est ni humide ni froid, car l'eau élémentaire ne brûle pas. Il n'est ni chaud ni humide comme l'air, car l'air se corrompt plus
tôt que tout, et lui demeure longtemps incorruptible ; il n'est ni sec ni froid comme la terre
(matière solide), car il est aussi actif que possible ; et il n'est ni chaud ni sec comme le feu
(l'éther), car il refroidit les maladies chaudes
(l'alcool est, on le sait, merveilleux pour les inflammations, phlegmons, etc.).

Enfin, la quintessence confère l'incorrupti-
bilité, or l'alcool rectifié jouit de cette propriété
à un grand degré.

Après bien des périphrases, notre maître Rupe
Scissa révèle aux pauvres hommes évangélisants que la base de toute préparation est l'alcool.
On le renforce en lui adjoignant, de la manière
que je décris plus loin, la vertu de l'or et des
autres principaux métaux. Il s'agit bien entendu

de l'alcool de vin, le plus pur que l'on puisse trouver ; il est préférable de distiller soi-même plusieurs fois très lentement sur bain de sable, du vin pourri et du verjus.

On pourrait certes aller plus vite en faisant absorber par la chaux l'eau contenue encore dans l'alcool à 90° ; mais il faut se souvenir que, bien qu'élémentaire, c'est encore de l'alchimie que nous tentons de faire, et nous ne devons jamais perdre de vue que notre devise est « patience et longueur de temps ».

Je crois donc préférable de distiller soi-même plusieurs fois l'alcool ; on a ainsi un produit bien plus dynamisé, bien plus vivant, un « Ciel », disaient les vieux maîtres.

On emploiera ensuite le procédé suivant : Placer l'alcool très pur obtenu par distillation successive dans un flacon à long col (voir fig. 8) et l'exposer pendant un mois au soleil ; le flacon doit être fermé avec un bouchon de verre fusible.

Il faut qu'en le débouchant une odeur extrêmement suave et pénétrante se dégage. Un autre signe encore de perfection, c'est un nuage bleuté qui surnage au dessus du liquide. Si on habite la campagne, il faut faire une petite fosse dont on garnit les parois avec une pâte de cen-

dres mouillées. On remplit cette petite fosse
ainsi préparée avec du fumier de cheval bien
pilé ; on place au milieu (sans qu'il touche le
fumier) le flacon dont le col seul doit dépasser ;
on comprend qu'il se refroidit à l'air et que l'é-
manation la plus subtile de l'alcool se condense,
retombe, et se condense de nouveau. On peut
remplacer le fumier par des grappes de raisins
sortant du pressoir, la putréfaction engendre
une chaleur suffisante (en ville on peut se servir
du fourneau à huile qui brûle sans interruption
pendant un mois et plus). Toujours avec le fumier, on peut placer une fiole lutée seulement
à la cire, le col en bas pendant plusieurs jours.
On la retire ensuite la tête en bas ; avec un
poinçon très fin, on perce un trou dans le
bouchon, puis on laisse écouler la partie du
liquide la moins claire ; ou aura ainsi une
quintessence.

Voici enfin un procédé plus détaillé que j'emprunte à *l'Hyperchimie* (octobre 1899).

Le vin rouge ou blanc est distillé de la façon
ordinaire. L'esprit ainsi obtenu contient encore
de l'eau, et un linge humecté avec ce liquide
brûle au contact de la flamme, mais ne se consume pas. Par des rectifications successives, il
devient si fort que le linge humecté avec le li-

quide obtenu en dernier lieu se consume entièrement après avoir été enflammé.

L'esprit se transforme alors en veines et quand
celles-ci disparaissent, on change le récipient,
on distille le phlegme, qui, dans la première
distillation, contient encore un peu d'esprit et
qu'on conserve pour un usage ultérieur.

L'esprit est digéré à la chaleur du fumier
(36°) jusqu'à ce qu'il se dépose à la surface une
huile d'un parfum exquis. Cette huile est la quintessence. Lull l'a obtenue bleu ciel, d'autres
l'ont obtenue jaune.

Après la transformation de l'esprit et du
phlegme par la distillation, il reste un résidu
semblable à une masse noire de poix fondue. Ce
résidu est décoloré au moyen du phlegme de la
première distillation, jusqu'à ce qu'il perde
complètement sa couleur. Les parties colorées
sont réunies et distillées et donnent un résidu
d'huile. Ce résidu ainsi obtenu est calciné; ce qui
peut se faire de différentes façons. Dans une formule, Lull prétend que la calcination ne peut
avoir lieu avec une forte chaleur, mais qu'elle se
produit simplement par le Spiritus ardens. Il
dit, au contraire, à un autre endroit, qu'elle a
lieu dans le réverbère.

D'après certaines formules, le résidu devient

blanc par la calcination avec le phlegme; mais parfois par un procédé semblable, il est encore à l'état de poudre noire et même, après l'avoir traité par le Spiritus ardens, il est encore noir.

Le résidu ainsi préparé est digéré et distillé plusieurs fois avec le Spiritus ardens dans des conditions différentes, jusqu'à ce qu'il soit saturé et qu'il devienne blanc et que l'esprit disparaisse.

La caractéristique de ce résultat est que, si on en place un peu sur une plaque rougie au feu, il ne se produit pas de fumée. Il est ensuite de nouveau distillé avec le Spiritus ardens jusqu'à ce qu'il devienne tellement volatil qu'au contact d'une plaque rougie il s'évapore entièrement ou en très grande partie.

Quand il est ainsi préparé on le sublime. Le résultat de la sublimation est clair et brillant comme un diamant. Il sert à aciduler le Spiritus Vini philosophici, et pour cela il est distillé à plusieurs reprises avec le Spiritus ardens, et le sel volatil qu'il contient s'évapore. Le produit de la distillation est digéré pendant 60 jours; il se transforme alors pour donner la quintessence parfumée, qui est tellement claire et brillante qu'on peut à peine la distinguer. Comme caractéristique, il se forme au fond un dépôt analogue à l'urine d'un jeune homme sain (1).

Mais il faut maintenant, comme dit Rupe Scissa, « orner notre ciel », c'est-à-dire que nous lui ajoutions encore de la force, et c'est à l'or que nous nous adresserons pour cela. Si l'on peut se procurer du minerai d'or, cela n'en vaudra que mieux; sinon, on prendra une petite lamelle ou, tout simplement, une pièce d'or, et voici comment on doit procéder : on portera au rouge sur une palette de fer cette lamelle ou cette pièce, et on la projettera, pour l'éteindre, dans un vaisseau de terre vernissée qui contiendra du bon alcool ordinaire. Il faut faire cette opération cinquante fois et plus. Si l'on s'aperçoit que l'alcool diminue, on le mettra de côté, et on continuera dans un autre vase avec d'autre alcool. On mêle ensuite le contenu des deux vaisseaux. « Sachez, mon ami, dit « Rupe Scissa, que Dieu a créé tant de vertu en « l'eau ardente, qu'elle peut tirer à soi toutes « les vertus de l'or, la chaleur, l'égalité, l'incor- « ruptibilité, la durée, la solidité. » Il ne faudrait pas éteindre les lamelles d'or dans la

(1) Cette recette très difficile est donnée seulement comme documentation.

quintessence même, car on la perdrait ; il faut
mélanger l'alcool ainsi « doré » avec moitié de
quintessence et le mettre de côté pour s'en servir. Toute notre provision doit être ainsi préparée.

Les vertus de l'or ne sont pas les seules que
nous pouvons communiquer à la quintessence ;
il nous est facile de répéter la même opération
pour les autres principaux métaux, en nous
bornant à ceux que les Anciens faisaient correspondre avec les principales forces astrales,
connues sous le nom de planètes : le Soleil, la
Lune, Saturne, Jupiter, Mars, Vénus.

L'or est le métal solaire et synthétique
qui donne à notre quintessence les pouvoirs
d'un reconstituant général du corps humain,
d'une sorte de *guérit tout*. Chacun des autres
métaux éteint également dans l'alcool que l'on
mélangera ensuite à la quintessence et lui com-
muniquera sa vertu particulière.

Le plomb, métal de *Saturne*, sera bon pour
guérir toute maladie des os, de l'estomac, des
nerfs, de la vessie, des yeux, des oreilles.
L'étain, métal de *Jupiter*, qui domine les pou-
mons, le foie, les artères, fournira un bon remède pour les maladies de ces parties du corps
(pleurésie, jaunisse, goutte).

De même pour le fer, métal de *Mars*, correspondant aux reins, au fiel, au sang (aux bras).

Pour le cuivre, métal de *Vénus*, qui influe sur les intestins, les parties génitales, les narines.

Enfin, l'argent, métal de la *Lune*, influe sur les expectorations, les sueurs, l'estomac, le cerveau. — Il est bien entendu que j'indique seulement ici des expériences à tenter, mais que l'on ne devra jamais le faire sans l'avis d'un médecin expérimenté.

Telles sont les différentes manipulations à faire subir à l'alcool ; nous allons maintenant choisir dans l'œuvre de notre maître les préparations les plus puissantes et les moins difficiles à tenter dans un laboratoire aussi restreint que le nôtre. Pour plus de clarté, nous les diviserons en trois parties : quintessences animales, végétales et minérales. Nous terminerons par quelques remèdes curieux et rares et une liste des plantes, par complexion (chaudes, froides, sèches, humides).

CHAPITRE V

QUINTESSENCES ANIMALES

Nous avons vu que la putréfaction est indispensable pour extraire d'un animal, comme
du reste du règne végétal, autre chose qu'une
eau faible.

Par la putréfaction toutes les forces se déve-
loppent, et l'on peut en tirer l'esprit ou quintessence. Ces quintessences animales offrent
un certain intérêt d'actualité, car on revient de
nos jours à l'opothérapie, et beaucoup de dro-
gues ultra-modernes, telles que l'adrénaline,
la néphrine, la thyroïdine, etc., ne sont autre
chose que des quintessences tirées du règne
animal, mais obtenues par des procédés moins
parfaits que ceux des animaux.

On prépare la néphrine, de nos jours, de la
façon suivante : La substance corticale d'un
rein de bœuf qu'on vient de sacrifier est tritu-
rée dans un mortier avec 300 grammes de glycé-
rine neutre et 200 grammes d'eau salée stérili-

sée, on fait macérer pendant cinq heures dans un vase entouré de glace. On filtre ensuite toute la masse sur un filtre de papier Chardin ; le liquide ainsi obtenu est de nouveau filtré sur une bougie Chamberland (Dieulafoy). La thyroïdine, l'adrénaline sont traitées à peu près de la même manière extra-rapide (1).

Nous allons voir, par contre, les procédés des Anciens — pour analyser tout ou partie d'un animal, par exemple le sang, l'urine, les os, la peau, les cornes.

Nous commencerons par les liquides pour terminer par les solides... « Il y a, dit l'auteur « de *la Nature dévoilée*, certains inconvénients à « travailler sur le sang frais, car il m'est arrivé « qu'en voulant distiller les parties les plus « fixes, la figure monstrueuse de l'animal sur « lequel je travaillais m'est apparue. Quant au « sang humain, il a produit un bruit comme s'il y « eût eu un fantôme, ce qui est fort effrayant. »

Notre auteur fait ici allusion aux mystères de la Palingénésie. Notons seulement, en passant, cette recommandation.

Les meilleures parties animales dont on pourra tirer une quintessence sont l'urine, les

---

(1) Consultez aussi la note de la page 185.

cornes, les ongles, les os, les poils, les écailles.

Le foie, les reins, le cœur peuvent aussi donner de très bons produits à condition d'éviter par certains procédés d'être incommodé par l'odeur de la putréfaction. Nous examinerons successivement ces deux quintessences :

QUINTESSENCE DU SANG ET DES PARTIES
LIQUIDES

1º Faire pourrir à 36º de chaleur dans un alambic bien fermé pendant quinze jours le sang et le suc d'animal ;

2º Distiller au bain-marie et conserver le résultat :

3º Remettre ce que l'on a recueilli dans la cornue à récipient, distiller au *bain de sable* très lentement ;

4º Arrêter la distillation au moment où une substance huileuse va passer ;

5º On aura dans la cornue une huile et une substance charbonneuse ; il faut les retirer et les bien broyer ensemble ;

6º Mettre dans un ballon à col long, verser dessus le produit de la première distillation et faire digérer au bain-marie deux jours entiers ;

7° Replacer dans une cornue à récipient et distiller lentement. Un peu d'un liquide volatil passera. Changeons ensuite de bain ; mettons sur bain de cendres ; imbibons avec la partie de volatil distillée, faisons encore digérer au bain-marie, distillons, desséchons aux cendres ; nous aurons la quintessence sous forme de poudre.

Opérons maintenant sur la chair, les os, les cornes, les poils, les ongles, les parties solides de l'animal, par exemple le rein ou le foie.

Réduisons-le en parcelles aussi menues que possible, mettons-les dans un alambic, versons du sang ou du suc pourri du même animal ou encore de l'urine humaine mélangée d'eau de pluie.

Avec les poils, les os, ou les cornes, la putré-faction est plus difficile à obtenir, mais cependant voici un moyen : râpez, limez des os, des cornes, ou des ongles ; faites cuire avec l'urine de l'animal de l'eau de pluie pourrie ou de l'eau salée jusqu'à ce qu'ils soient réduits en gelée, ce qui se fait en deux ou trois jours. Ajoutez à cette gelée une suffisante quantité d'eau de pluie pourrie. Lorsque la putréfaction sera ac-complie, on opérera comme précédemment. Il faut remarquer que la nature ne détruit pas complètement un corps animal ou végétal, il lui suffit de le réduire en une sorte de suc mucilagineux ; de même, l'alchimiste ne détruit pas les corps sur lesquels il opère, mais les ouvre seulement par la putréfaction, il fait examiner de près les procédés qu'emploie la nature pour détruire un corps et s'en servir pour refaire de la vie.

C'est ce que fait l'alchimiste en réduisant certaines parties des animaux en une substance essentielle, une gelée, et en les distillant ensuite avec l'esprit volatil du même animal ; ce volatil pourrait du reste être remplacé par l'eau de pluie ou par la rosée. Ceci est rendu clair par le procédé suivant:

Prenez une partie quelconque du corps d'un animal, réduisez-le en gelée en le faisant cuire avec de l'eau de pluie putréfiée, laissez fermenter le tout, versez ce qui est clair, filtrez-le et distillez-le au bain-marie en vous arrêtant au moment où l'huile va passer ; mettez cela à part, placez à la cave ce qui reste dans la cornue pour le faire cristalliser ou épaissir en gelée, c'est le sel essentiel de l'animal.

Mettez ces cristaux sur feu de cendres, desséchez sans brûler, versez du volatil que vous avez mis à part sur le résidu ; digérez au bain-marie, distillez tout ce qui passera, remplacez le bain-marie par un bain-marie de cendres et distillez jusqu'à siccité complète, réduisez le tout en poudre ; sur cette poudre versez encore du volatil, refaites cette opération deux ou trois fois, vous aurez alors une quintessence.

On voit que la nature se laisse unir ou séparer, pourvu qu'on suive l'ordre établi par elle. Entre le volatil et l'alcali, entre l'esprit et le corps, elle place elle-même un *vinaigre*, qui participe des deux et peut les unir, car il n'est ni fixe ni volatil : c'est la théorie du corps astral de la science occulte.

Si les lecteurs trouvaient ces procédés trop difficiles, voici une façon de s'y prendre moins compliquée; elle est basée sur le ternaire : putréfaction — circulation — distillation.

Supposons qu'on veuille retirer, du rein d'un animal, un liquide quintessencié au lieu d'une poudre, comme ci-dessus. — On prendra ce rein; on le coupera en petits morceaux qu'on recouvrira d'eau de pluie salée déjà putréfiée (très peu d'eau, de manière à humecter seulement); on placera à la cave et on laissera pourrir quinze jours. On filtrera et on remplira, du liquide obtenu, un grand ballon à long col, luté au verre fusible. Ce ballon sera placé sur le fourneau à l'huile, au bain de sable, pendant vingt jours. On distillera ensuite dans une cornue à récipient quatre ou cinq fois, en remettant chaque fois le contenu du récipient dans la cornue. On obtiendra ainsi un liquide très clair, de bonne odeur, qu'on mélange à l'alcool moitié par moitié. On pourra opérer ainsi pour toutes les quintessences animales.

Passons maintenant aux végétales.

CHAPITRE VI

QUINTESSENCES VÉGÉTALES

Nous plaçons l'essai sur les quintessences végétales après celui sur les quintessences animales, pour suivre l'ordre des Anciens, ordre parfaitement logique, puisque le végétal touche par en haut au règne animal, et par en bas au règne minéral.

Comme dans les animaux, nous pourrons obtenir une quintessence : 1° des parties molles des plantes; les feuilles, les tiges, les fruits, les sucs, gommes ou résines, les graines, etc., etc. ; 2° des parties plus dures, telles que tiges, racines, bois, etc...

Le procédé sera le même pour toutes les plantes, en faisant attention, toutefois, aux proportions, car, dans certains végétaux, on aura beaucoup de volatil, c'est-à-dire des liquides s'évaporant facilement et même des gaz; dans d'autres, au contraire, beaucoup d'acides, etc.

Prenons donc d'un végétal quelconque ce qui est tendre et mûr (fruits, tiges) avec les sucs.

Pilons au mortier ; écrasons soigneusement et versons de l'eau de pluie putréfiée et salée; de façon que le tout soit réduit à la consistance d'un bouillon clair. Mettons-le dans un récipient de bois, dans un endroit tiède ; laissons macérer pendant trois semaines environ jusqu'à ce qu'il sorte du mélange une odeur aigre et pourrie ; plaçons dans un alambic ; puis, comme pour les minéraux, distillons à feu très doux sur bain de sable, en ne laissant passer que les parties les plus volatiles. Retirons les résidus, plaçons-les dans une cornue de verre lutée à une autre; distillons ; nous aurons d'abord une eau assez trouble, puis une substance acide, ensuite une huile assez épaisse, et enfin au fond une masse brûlée charbonneuse. Une fois qu'on a séparé, il faut opérer comme pour le règne animal, ainsi qu'il est décrit précédemment (on peut aussi employer le procédé plus facile du ballon à long col).

En ce qui concerne les manipulations à faire subir aux parties les plus dures, par exemple pour obtenir une quintessence avec les racines, on les concasse et les écrase au mieux dans un mortier; on verse de l'eau de pluie pourrie, du vin ou de l'eau salée, on fait macérer ou cuire jusqu'à ce que tout devienne mou ; on fait ensuite putréfier, et on opère comme précédemment.

Toute quintessence doit être limpide et avoir une odeur suave. Distiller, jusqu'à ce que ce résultat soit obtenu.

On sait que les alchimistes connaissaient quatre états de la matière, qu'ils nommaient du nom des quatre éléments : l'eau, la terre, l'air, le feu. Par différentes opérations ils pouvaient extraire d'une quintessence quelconque les parties : feu, air, eau, terre (1).

Chacune de ces formes de la même matière étant plus ou moins en rapport avec les parties du corps humain correspondent au feu, à l'air, à l'eau et à la terre (les parties liquides, solides, gazeuses ou éthériques de notre organisme).

Voici cette manipulation compliquée. Je la cite plutôt comme documentation ; en tous cas, il ne faut l'essayer que lorsqu'on aura une longue expérience du laboratoire alchimique. Je la résume en neuf temps :

1° On prend une quintessence quelconque animale, végétale ou minérale, par exemple celle du sang ; on la met dans une cornue à récipient

---

(1) C'est-à-dire les parties très subtiles, d'abord, puis de moins en moins volatiles, jusqu'aux résidus solides (une terre) que l'on trouvait au fond de la cornue.

au bain-marie. Il sort une eau claire que l'on conserve en une fiole de verre bien bouchée : c'est l'*eau* de la quintessence.

2° Il reste, au fond de la cornue, trois éléments : l'air, le feu, la terre ; on y remet l'*eau* obtenue primitivement.

3° On place le tout dans un ballon à long col (*fig.* 8 et 10), et on fait circuler sept jours.

4° On remet alors dans une cornue à récipient, mais, cette fois, sur feu de cendre ; *l'eau* montera très claire, en forme d'une huile jaune d'or contenant en soi *l'air* de la quintessence.

5° Séparer l'eau de l'huile (qui est *l'air*) par distillation au bain-marie, l'eau montera; *l'air* restera au fond sous forme d'une huile dorée, on aura donc deux éléments : *l'air et l'eau*.

6° Restent le *feu* et la *terre* ; on prend l'eau obtenue déjà; on la verse sur le feu et la terre dans la proportion de 4 à 1, dans un ballon à long col; on fait circuler sept jours au bain-marie.

7° Le tout est remis dans une cornue à récipient sur un feu très fort (augmenter le feu progressivement et lentement). Une eau rouge montera qu'on mettra à part. Il restera donc la terre qu'on gardera également.

8° On prend l'eau rouge mise à part, et on la

met à distiller au bain-marie ; il monte une eau claire ; il reste au fond une huile rouge ; c'est *le feu* de la quintessence.

9° On calcine la terre tous les jours un peu pendant sept jours.

On aura donc ainsi :

Le feu sous forme d'une huile rouge ;

L'air sous forme d'une huile dorée ;

L'eau sous forme d'une eau cristalline ;

La terre sous forme d'une substance noirâtre.

Cette préparation est, on le voit, très belle, mais très compliquée ; elle n'est pas indispensable pour obtenir une bonne quintessence ; simples, non décomposées en deux éléments, par les procédés ordinaires, les quintessences minérales, végétales ou animales sont déjà très fortes et surtout si on a la patience de faire circuler longtemps et de distiller plusieurs fois.

Nous avons donc le moyen d'extraire la quintessence des plantes, d'augmenter et de varier les qualités de notre alcool comme nous le voudrons.

La quintessence d'alcool préparée alchimiquement et encore fortifiée par l'or, ainsi que nous l'avons vu au commencement est seulement un reconstituant énergique. Elle sera un remède contre la constipation, si nous lui adjoignons, par exemple, la quintessence de plantes laxatives ou contre l'affaiblissement de la tension artérielle, si nous y mettons une quintessence appropriée. Et ces remèdes auront une action merveilleuse, miraculeuse parfois parce qu'ils jouiront d'un dynamisme, d'*une radio-activité* bien supérieure à celle des remèdes de la pharmacopée moderne.

Voici une succession de quintessences végétales qui m'ont paru le plus utiles; la préparation en sera toujours la même.

Une fois obtenue, on mélangera la quintessence à l'alcool dans la proportion des deux tiers pour un tiers : cela constituera un élixir que l'on devra donner par gouttes (toujours après avis médical bien entendu).

Voici, d'abord, une autre façon de retirer la quintessence du sang ; Rupe Scissa la donne avec les préparations végétales ; elle doit agir à la façon d'un sérum moderne, ou d'une manière analogue. *On doit obtenir une liqueur, une eau limpide comme le cristal et d'une odeur suave. On prend une certaine quantité de sang frais d'animal ; on le laisse reposer et évaporer; on fait sécher et on réduit en poudre très fine que l'on mélange avec la dixième partie de son*

poids de sel commun purifié. On pile avec soin et
on place dans une fiole de verre bouchée à
l'émeri et lutée pour plus de précautions avec
du blanc d'œuf et de la farine, ou mieux avec un
bouchon en verre fusible. On met au bain-marie
à tout petit feu (gaz au bleu ou lampe à huile).
Le contenu du flacon doit se liquéfier en quelques heures ; on distille ensuite au bain de sable
dans la cornue de verre ; puis on remet le produit de la distillation dans la cornue et on distille à nouveau aussi souvent qu'il sera nécessaire pour que le produit soit de la limpidité et
de l'odeur que j'ai dites.

RECONSTITUANT MERVEILLEUX.

On réduit en poudre très fine des écailles
d'huîtres préalablement passées au four ; du
romarin, de la racine de lis. On met cette poudre dans la quintessence d'alcool (20 grammes
pour 1 litre à prendre par gouttes de 10 à 15 par
matin).

QUINTESSENCES ATTRACTIVES POUR ATTIRER LES CORPS ÉTRANGERS HORS D'UNE PLAIE

Réduisons en poudre très fine un peu de
pierre d'aimant naturel, d'assa-fœtida, de mar-

jolaine, de soufre, de pétrole, de cyclamen. Retirons-en la quintessence ; mélangeons à notre alcool, nous aurons un élixir qui agira merveilleusement et fera sortir des plaies les corps étrangers y contenus, par suppuration.

Pour attirer ou dissoudre les humeurs : tempéraments bilieux : rhubarbe, violette, graines de laitues, tamarin ;

Tempéraments lymphatiques : safran, coloquinte, staphysaigre, pyrèthre, euphorbe, sel de roche ;

Tempéraments nerveux : séné, myrobolans, noix muscade, graine de lin ;

Tempéraments sanguins : mauve, violette, suc de mercurialle.

Toutes ces plantes sont propres à chasser de notre corps les humeurs nuisibles. Il faudra donc en tirer la quintessence et la mélanger à notre alcool.

Pour arrêter le sang, retirer la quintessence des plantes suivantes : myrthe, acacia, plantin, gomme, quintefeuille en quantités égales ; ajouter un peu de poudre de corail et d'ambre, de la gomme arabique, de l'alun.

La quintessence végétale pour « restreindre le ventre », dit notre auteur, se prépare de la façon suivante, elle doit constituer un bon remède contre la diarrhée : tirer la quintessence ordinaire des végétaux ci-dessous, coing, grenade, amande, graine de pavot noir, menthe, feuilles de rose, frêne, plantin, gomme arabique ; mélanger ensuite avec la quintessence d'alcool.

Pour faire mûrir un abcès rapidement, pour purifier, nettoyer, on emploiera la quintessence des plantes suivantes toutes ensemble : pivoine, hysope, graine de laurier, musc, menthe sauvage, trèfle, fenouil, mouron, persil, graines d'orties, etc.

La guérison d'une plaie sera très activée en prenant de la quintessence suivante : encens, aristoloche, glaïeul, graine de tamarin, miel, aloès.

On peut préparer une eau pour nettoyer la peau avec oignon, camomille, racines de comcombre sauvage, guimauve, romarin, pris à l'intérieur, par gouttes ; à l'extérieur, mélangée d'un tiers d'eau bouillie.

Voici un très bon collyre pour les yeux : tirer la quintessence de fenouil, d'ache, {de sauge, de chardon ; ajouter deux cuillerées de miel et très peu de poivre pilé ; mettez la quintessence neuf jours au soleil avant de vous en servir : deux gouttes dans l'œil malade, une le matin, l'autre le soir, suivant avis médical.

Contre une très désagréable maladie, l'ozène ou puanteur du nez, ulcère de la membrane pituitaire, notre auteur donne un remède très fort : tirer la quintessence de bois d'aloès rose, clous de girofle, d'aspic, de myrrhe ; laver l'intérieur du nez avec de bon vin rouge aromatique ; cautériser les ulcérations avec cette quintessence, soit pure, soit étendue d'eau.

Je terminerai ici ces quelques quintessences végétales que l'on pourra, du reste, augmenter à volonté, puisque le procédé reste toujours le même. Au lieu d'employer les plantes en simples décoctions ou infusions, on en retirera une bien plus grande quantité de principes curatifs en les préparant, ainsi que l'indique Rupe Scissa (1).

---

(1) On trouvera au chapitre *Remèdes*, d'autres quintessences végétales qui auraient pu trouver place ici ; j'ai préféré suivre l'ordre adopté par Rupe Scissa.

CHAPITRE VII

QUINTESSENCES MINÉRALES

On l'a vu : la première opération que l'on doit faire subir à la matière, si l'on veut en extraire la quintessence, c'est non de la détruire, mais de l'ouvrir par la putréfaction et les dissolvants. Aussi les Anciens, surtout ceux qui étudiaient profondément la nature, établissaient d'abord les lois qu'elle suit pour la transformation de la matière animale, végétale et minérale.

La nature, dit notre auteur, a entre les mains pour détruire les minéraux un feu qu'elle tire du soleil ; ce feu échauffe les rochers, les pierres ; puis le froid, l'eau, surviennent et, peu à peu, humectent et dilatent les pierres échauffées, elles éclatent. Les attaques réitérées réduisent ainsi la pierre en petites parcelles qui se brisent de plus en plus et finissent par être réduites en fine poussière, qui commence à pourrir, avance vers sa destruction, devient saline, est déjà d'une autre nature qui la rapproche du végétal et finit par se confondre avec lui.

L'art peut aller plus vite que la nature ; si nous faisons chauffer au rouge une pierre et que nous l'éteignions dans l'eau salée, elle se brisera en morceaux ; en réitérant l'opération aussi souvent qu'il sera nécessaire, nous réduisons cette pierre en poudre impalpable et en eau qui peut passer à l'état de vapeur, et de nouveau en eau par distillation. C'est ainsi que la nature ramène les minéraux à leur première nature plus ou moins rapidement d'après leur espèce. C'est aussi la première des opérations pour obtenir la quintessence. Voici quelques préparations qui conduisent à une quintessence très bonne des minéraux, bien qu'elle ne soit pas la quintessence complète. Celle-ci ne pouvant être obtenue qu'en soumettant d'abord le métal au dissolvant universel : le mystérieux Alkaest, dont la recherche sortirait des limites que je me suis assignées et rentre du reste dans le travail pour arriver à la pierre philosophale.

D'une façon générale, les quintessences minérales consistent à retirer des métaux et surtout de l'or, de l'argent et de l'antimoine une médecine universelle, comme disent les alchimistes. Nous dirions, nous, un reconstituant énergique, capable d'élever la tension artérielle, capable, ajouterions-nous pour les occultistes avancés, de répandre dans tous les royaumes de notre être une lumière, une vie qui centuplerait les pouvoirs qu'ont toutes nos cellules de se défendre elles-mêmes ; d'aller chercher dans les immenses et inépuisables réservoirs de la nature les forces nécessaires pour reconquérir l'état d'équilibre qu'on nomme santé.

Voici, pour commencer, la fabrication d'une des meilleures quintessences minérales, l'or potable. A noter ici, encore plus que pour les végétaux, la nécessité absolue, lorsque notre petite pharmacie alchimique sera au complet, de ne rien donner à un malade sans conseil du médecin, et de médecin initié si possible. — Il y a, en effet, certains organismes qui ne peuvent supporter les médicaments à base de *métaux*.

QUINTESSENCE DE L'OR POTABLE

On met, dans une cornue fermée, des feuilles d'or, telles qu'en emploient les doreurs, avec du mercure. Le feu devra être assez doux (bain de

sable, gaz au bleu ou chaleur de lampe à huile),
pour qu'on puisse prendre en main la cornue et
la remuer souvent. Dès que l'amalgame est fait,
mettre dans une cornue lutée à un récipient,
pousser le feu avec prudence pour faire évaporer tout le mercure ; on trouvera au fond de la
cornue l'or calciné et d'apparence sale ; on le
retirera et on le mettra dans un bocal à large
ouverture avec quatre doigts de vinaigre distillé.
Boucher ensuite et placer au soleil si possible.
Une substance huileuse surnagera qui doit être
recueillie dans un vaisseau à moitié plein d'eau
ordinaire. Lorsqu'on ne retirera plus d'huile,
on fera évaporer l'eau sur feu doux. Au fond du
récipient, demeurera la quintessence d'or que
l'on mélangera à la quintessence d'alcool. Cet
or potable est un reconstituant merveilleux, il
apaise l'inflammation et guérit rapidement
plaies, ulcères. On peut encore mettre quelques
feuilles d'or très fin avec de l'huile de lin dans
un vase de verre ; laisser digérer un mois, retirer l'huile ; on trouvera au fond une poudre
qu'on peut mélanger avec du miel.

La quintessence de l'argent peut se faire
comme celle de l'or, mais voici un procédé
qui varie un peu : Mettre dans une fiole
moitié de bon vinaigre distillé, une petite quan-

tité de bon tartre calciné et de sel ammoniaque, ajouter la chaux de l'argent préparée comme ci-dessus, boucher hermétiquement au bouchon de verre fusible, mettre ensuite à tout petit feu sur le fourneau à huile dans le ballon (*fig.* 8 à 10), pendant huit ou dix jours ; il ne faut pas que le feu s'éteigne ; après quoi. distillez comme d'habitude au bain de sable. On verra d'abord monter le vinaigre, puis ensuite la quintessence d'argent. Employer ce remède dans les maladies lunaires : diarrhée, emphysème, gastralgie, maux d'yeux (1).

Pour attirer la quintessence du fer et obtenir un bon remède dans les maladies marsiennes (reins, foie, maladies du sang), on mélange dans du bon vinaigre distillé de la limaille de fer et du sel commun. On expose au soleil en matras fermé, ou sur le fourneau à huile pendant plusieurs jours ; il s'élève à la surface du liquide une substance que l'on recueille, et qui est la quintessence cherchée. On mélange ensuite avec l'alcool.

Pour le cuivre (maladies vénériennes, intestins), même procédé, en remplaçant la limaille de fer par la limaille de cuivre.

_____

(1) Correspondances d'Oger Ferrier.

Mais de toutes les quintessences métalliques après l'or potable, la plus utile sera certainement la suivante ; elle a été très fréquemment employée et à notre connaissance a réellement fait de véritables miracles dans les maladies longues, dans les convalescences, l'anémie, le rachitisme ; elle agit puissamment sur les voies digestives, ranimant l'appétit, purifiant le sang et donnant des forces très rapidement. Prise en bonne santé, elle permet de faire sans fatigue de longues courses et des travaux musculaires pénibles ; enfin, elle agit même sur le moral dans la neurasthénie. J'ai eu souvent la déclaration des personnes très tristes, très accablées par des chagrins graves, qui, toutes, ont observé des résultats très nets à ce sujet.

Voici la manière de faire cet élixir :

Prenez de l'antimoine métallique en poudre et travaillez-le, pulvérisez-le de façon à obtenir une poudre extra-fine qu'on sente à peine dans les doigts. Mettez cette poudre dans de très bon vinaigre distillé ; lorsque le vinaigre sera coloré en rouge, versez-le et mettez-le à part, remettez d'autre vinaigre sur l'antimoine, et ainsi de suite jusqu'à ce qu'il ne rougisse plus. Lorsque l'on met du vinaigre pour la seconde fois, il faut chauffer doucement, on prend ensuite tout le vinaigre coloré, et on le met à distiller sur bain de sable : le vinaigre montera d'abord ; puis, dit Rupe Scissa:

« Tu verras descendre goutte à goutte par le
« bec de l'alambic une benoîte minière rouge
« comme serait le sang. Tu as là une chose à
« laquelle tous les trésors du monde ne pour-
« raient être comparés, elle ôte la douleur de
« toute plaie. »

Sans doute, telle qu'elle est, cette quintessence est merveilleuse ; on peut cependant la rendre plus merveilleuse encore en la laissant quarante jours dans du fumier de cheval au soleil (ou sur le fourneau à huile dans le ballon (*fig.* 8).

Je dois dire que l'on ne devra pas se décourager, si l'on n'obtient pas de couleur rouge du premier coup ; du reste, la quintessence d'un beau jaune d'or est déjà très forte. Pour enlever l'odeur acide, on mélange à l'alcool, et on distille à nouveau. On reconnaîtra que le résultat décisif est obtenu lorsque la liqueur n'aura plus qu'une odeur suave sans rien qui rappelle le vinaigre. Notons qu'il faudra augmenter le feu dès que les gouttes rouges de teinture commenceront de passer.

AUTRE RECETTE D'ANTIMOINE

Mettre dans un ballon à long col (fig. 10) pour 1 litre de vinaigre distillé (acide cristallisable), 250 grammes de carbonate de potasse ; ajouter l'antimoine en poudre fine (2 poignées) ; chauffer tout doucement sur bain de sable pendant quatre ou cinq jours sans interruption, remuer fréquemment, laisser refroidir et filtrer (on doit pouvoir toucher le ballon avec les mains, autrement la chaleur serait trop forte).

A noter que le métal aura perdu son éclat et sera devenu gris sombre.

Voici maintenant, pour qu'on puisse comparer, des recettes dues à Lémeri, chimiste, qui a publié son œuvre vers 1700. Ces recettes peuvent donner aussi des résultats intéressants. On comparera la brutalité du procédé purement chimique avec la douceur et la lenteur des opérations alchimiques.

TEINTURE D'ANTIMOINE

« Cette opération est une dissolution des par-
« ties les plus raréfiées du soufre, de l'antimoine
« faite dans l'esprit de vin.

10

« Mettez fondre à grand feu dans un creuset
« huit onces (270 grammes) de sel de tartre.
« Jetez-y à diverses reprises, par cuillerées, six
« onces 200 grammes) antimoine en poudre; il le
« fondra et il s'unira au sel de tartre.Couvrez le
« creuset et laissez le mélange en fusion pen-
« dant une demi-heure ; versez-le dans un mor-
« tier afin qu'il refroidisse ; réduisez la masse
« en poudre et mettez dans un matras, versez-y
« de l'esprit de vin alcoolisé à la hauteur de
« quatre doigts, appliquez un autre matras ren-
« versé sur celui-ci pour faire un vaisseau de
« rencontre ; lutez exactement les jointures et
« mettez votre matière en digestion, à une lente
« chaleur pendant deux ou trois jours ou jus-
« qu'à ce que votre esprit de vin soit devenu
« rouge. Séparez alors les matras, filtrez votre
« teinture et la gardez dans une bouteille bien
« bouchée.

« *Vertus*. — Elle est sudorifique et anti-ner-
« veuse, elle excite des nausées ou bien elle
« purge un peu par le ventre quand on en don-
« ne par grandes doses; on s'en peut servir pour
« exciter les mois aux femmes, pour guérir
« les obstructions pour la mélancolie hypocon-
« driaque, pour la galle, pour la petite vérole,
« pour les fièvres malignes, pour le scorbut.

« *Doses.* — La dose est depuis 4 gouttes jus-
« qu'à 20, dans quelque liqueur appropriée.

VERRE D'ANTIMOINE

« Cette préparation est un régule d'antimoine
« vitrifié par une longue fusion.

« Faites calciner sur un petit feu une livre
« d'antimoine en poudre dans une terrine qui
« ne soit point vernie, remuez incessamment la
« matière avec une spatule de fer jusqu'à ce
« qu'il ne sorte plus de fumée ; mais, si cepen-
« dant la poudre se grumelait comme il arrive
« souvent, mettez-la dans un mortier et la pul-
« vérisez ; faites-la derechef calciner comme
« nous avons dit, et, lorsqu'elle ne fumera plus
« et qu'elle aura pris une couleur grise, mettez-
« la dans un bon creuset que vous couvrirez
« d'un tuilot et le placerez dans un fourneau à
« vent dans lequel vous ferez un feu de char-
« bon très ardent qui entoure le creuset, afin
« que la matière se mette en fusion ; environ une
« heure après découvrez le creuset et, ayant in-
« troduit dedans le bout d'une verge de fer, re-
« gardez quand vous l'aurez retirée, si la ma-
« tière qui y est attachée est bien diaphane

« et, si elle l'est, jetez-la sur un marbre bien
« chauffé; elle se congélera, et vous aurez un
« beau verre d'antimoine que vous laisserez
« refroidir, puis vous la garderez. C'est un
« puissant vomitif et un des plus violents de
« ceux qui se font par l'antimoine. On en fait le
« vin émétique en le faisant tremper dans le
« vin blanc. On le donne aussi en substance
« depuis deux grains jusqu'à six (50 centigram-
« mes à 1 gramme). »

Enfin, voici un autre procédé hermétique que
j'emprunte à la revue l'*Hyperchimie*.

L'ACETON D'ANTIMOINE

« On met de l'antimoine finement pulvérisé
« dans de l'acide nitrique. Dès que la dissolution
« se produit, on précipite et on lave le résidu.
« Celui-ci est digéré avec du vinaigre distillé
« dans un bain-marie pendant quarante jours ;
« il prend alors une couleur rouge sang. On dé-
« cante la partie claire, et on verse de nouveau
« du vinaigre. On fait digérer encore pendant
« quarante jours. On répète cette opération
« quatre fois, on jette le résidu.

« On mélange les solutions dans une cornue ;

« on en distille le vinaigre que l'on reverse en-
« suite sur le mélange ; ou, si le vinaigre obtenu
« est trop faible, on en verse du pur, et on dis-
« tille de nouveau, après avoir obtenu la solu-
« tion. Le résidu est lavé avec de l'eau douce
« jusqu'à ce que tout acide ait disparu. La ma-
« tière, qui est d'un rouge très prononcé est sé-
« chée au soleil ou bien à la chaleur d'un petit
« feu.

« On verse sur cette poudre rouge un *spiritus*
« *vini* bien rectifié, et on laisse séjourner dans
« un bain-marie pendant quatre jours, de ma-
« nière que la dissolution se fasse complète-
« ment. On place la solution dans une cornue
« de verre à chapeau ; on change de récipient et
« on distille à petit feu le *spiritus* qu'on verse de
« nouveau ; on distille encore, et on répète l'o-
« pération jusqu'à ce que le *spiritus* s'élève dans
« le chapiteau en prenant différentes couleurs.
« Il est alors temps d'augmenter la chaleur ; le
« *spiritus* s'élève alors dans le chapiteau sous la
« couleur rouge et tombe en gouttelettes dans le
« récipient, semblable à une huille rouge sang.

« Tel est le moyen le plus secret des sages
« pour distiller l'huile fameuse de l'antimoine,
« et l'on a ainsi une huile noble, puissante, d'un
« parfum exquis.

« Le produit de la distillation, le mélange
« d'huile et d'esprit de vin est placé dans une
« cornue à chapiteau et débarrassé dans un bain-
« marie de tout esprit, ce qui se reconnaît lors-
« que quelques gouttes d'huile se forment.

« L'esprit se conserve bien, car il a encore
« une grande puissance lui provenant de l'huile
« qu'il renferme. Dans la cornue, se trouve
« l'huile rouge qui éclaire la nuit comme un
« charbon rouge: elle sert à l'amélioration des
« métaux pour l'alchimie.

« L'esprit de vin de la *teintura antimonii* est
« un remède très efficace. Pour la goutte, trois
« gouttes prises dans du vin et à jeun calment
« les douleurs. Le jour suivant, apparaît une
« sueur visqueuse lourde, puante particulière-
« ment aux articulations, et, le troisième jour,
« même sans le secours de médicaments, se
« produit une évacuation utile.

« Il est aussi efficace dans d'autres maladies
« difficiles. »

QUINTESSENCE DE MERCURE

Sublimer au bain de sable dans un matras
fermé, au col long, mercure, sulfate de cuivre

et sel commun. La quintessence du mercure monte, entraînant avec elle celle du sulfate de cuivre. C'est le soufre philosophique.

Le mercure sublimé a encore quelques parties combustibles; si on les met dans une eau corrosive faite d'acide sulfurique et de salpêtre, il se convertira en amalgame et eau. Mettons donc notre mercure sublimé dans ce mélange, et laissons-le jusqu'à ce qu'il soit converti en eau pure. Distillons ensuite toujours à feu doux et dans la cornue n° 9. Il montera d'abord l'eau corrosive, puis la quintessence de mercure très blanche ; au fond du vaisseau, il restera un corps brûlé et laid ; refaisons cette opération jusqu'à ce qu'il ne demeure plus aucun résidu (c'est-à-dire remettons le produit de la distillation sur le résidu et redistillons).

Cette quintessence est bonne pour les plaies, les brûlures, les pustules, etc.

Dans certaines maladies le soufre agit à condition d'être employé à dose homéopathique. Voici la façon de tirer la quintessence du soufre :

On prend de la fleur de soufre très fine. Dans un ballon fermé, on met deux poignées de cette fleur de soufre, on verse dessus du vinaigre distillé. On chauffe doucement au bain de sable jusqu'à ce que le vinaigre soit coloré. On enlève doucement le vinaigre, et on le remplace par d'autre, quand le soufre ne colore plus.

Réunir ensuite tous les vinaigres et faire évaporer sur feu doux : la quintessence du soufre demeurera au fond du vaisseau (avoir soin d'enlever avec une plume les impuretés qui viendront à la surface).

Prenons la cornue que j'ai décrite page 93, recouverte de son abat-jour métallique. Mettons notre quintessence de mercure ou toute autre dans une fiole de verre avec un bouchon en verre fusible ; fermons à la lampe à alcool ; suspendons-la de façon à ce qu'elle descende dans l'intérieur du ballon, sans toucher les parois.

Chauffons au bain de sable à une température telle que nous puissions tenir la main sur le ballon. Laissons huit jours en digestion.

Brisons la fiole et retirons-en le résidu qui s'y trouve ; réduisons sur le marbre, en poudre impalpable ; mettons dans un alambic de verre et faisons distiller au bain-marie, mais de façon que l'alambic ne touche pas l'eau du bain. — La poudre se convertira de nouveau en eau si elle a été suffisamment calcinée ou pulvérisée.

Le résultat de la distillation sera une quintessence : le lait de Vierge réel.

Recommandons encore que la fermeture des

fioles et des alambics soit absolument hermétique.

Continuons par la fabrication d'un dissolvant très énergique de beaucoup de corps.

Prenons 1 partie de mercure sublimé, 1 partie de sel commun, 1 partie de sulfate de cuivre, 1 partie de sel ammoniaque très sublimé.

Broyons avec soin pour en faire une poudre fine, exposons pendant la nuit à l'air ou dans une cave froide. Cette poudre se convertira en eau, gardons cette eau dans un vaisseau de verre épais.

Nous terminerons l'exposé de ces quintessences minérales par la recette suivante que Rupe Scissa nomme « la très forte eau vertueuse outre-mesure » :

Prenons du bon tartre blanc (1) bien calciné ; mettons-le dans un vaisseau de verre avec de la quintessence d'alcool. Distillons ; il passera d'abord l'alcool très affaibli que l'on ôtera, le tartre aura absorbé la quintessence et sera fortifié.

Calcinons ensuite le tartre dans un fourneau

---

(1) Nous rappelons que le tartre, dépôt formé par le vin sur les cuves, contient du tartrate de potasse, de chaux, d'albumine : un peu de silice quand il est calcaire. C'est un sous-carbonate de potasse mêlé de chaux et de silice.

à réverbère (voir p. 67); remettons de l'alcool, distillons, calcinons encore : le tartre sera à chaque fois plus fortifié. On doit s'attendre à ce que les vaisseaux se brisent. Il faut donc en avoir plusieurs sous la main.

Prenons ce tartre fortifié, broyons-le au marbre, mettons-le dans la cave et il se convertira en eau. On conservera cette eau dans une fiole de verre très épais.

Cette eau guérit très rapidement plaies, eczémas, teignes, etc... (Je le répète : consulter toujours un médecin avant l'usage de ces remèdes.)

CHAPITRE VIII

QUELQUES REMÈDES [1]

Nous avons déjà parlé d'un merveilleux reconstituant composé « d'or et de perles », dit Rupe Scissa.

Ne pouvant se servir de perles, on emploie la coquille d'huître passée au four et réduite en poudre. On joint à cette poudre du romarin, de la racine de lys également mise en poudre, et on mêle le tout à la quintessence aurifiée par le procédé décrit chapitre I.

Notre vieux maître dit que, si l'on prend la plante appelée chélidoine (la fleur), et qu'après en avoir extrait la quintessence, on la soumette encore à l'opération décrite à la page 130, et qu'on en tire le feu, c'est-à-dire la partie la plus subtile, on n'aura qu'à ajouter cette dernière liqueur à l'élixir de perle pour obtenir un breu-

---

(1) Je suis la classification de Rupe Scissa et je fais un chapitre spécial de ces remèdes qui auraient pu se classer dans les quintessences.

vage tellement puissant qu'il peut « instantané-
ment ressusciter un mort », c'est-à-dire faire
cesser une léthargie grave ou un cas de mort
apparente. Son pouvoir est même plus grand
encore, mais il est inutile d'insister : on nous
comprendra à demi-mot. C'est également un
remède contre la lèpre.

EAU DE FRAISES

*Contre les maladies de peau, purgeant les hu-
meurs du sang.* — Il faut prendre des fraises
mûres, les mettre dans un bocal et laisser
pourrir à la cave vingt et un jours ; faire circuler ensuite l'eau obtenue dix à quinze jours ;
distiller enfin plusieurs fois au bain de sable
d'après notre procédé ordinaire.

Cette eau peut servir pour les yeux, et sa
force peut naturellement être beaucoup aug-
mentée si on la mêle à la quintessence.

Pour faire engraisser, combattre l'anémie, la
fatigue de croissance pour les enfants, fortifier
même un phtisique ; il faut tirer de la quintessence de la chélidoine non plus le « feu »,
comme pour le premier remède, mais « l'air »
(se reporter page 130)

Remède contre la neurasthénie, le déséquilibre

mental, *la tristesse sans cause apparente des* « *saturniens* ». — Il faut mélanger à la quintessence la plante dite : fumeterre, le romarin, la fleur de bourrache.

Remède contre la peur, le manque de force morale. — Prenez de la racine d'angélique, du safran et, après en avoir tiré la quintessence, mélangez-la à la quintessence « d'or et de perles ».

Remède préventif contre toute intoxication. — Mettre dans la quintessence : safran, noix, ail, rue, angélique, raifort et prendre par gouttes.

La quintessence du sang, indiquée plus haut, est très bonne contre la fièvre, même sans en boire. On n'a qu'à en frictionner longuement les artères radiales et temporales.

En mélangeant moitié par moitié la quintessence du sang avec notre alcool, nous aurons un très bon médicament *contre la fièvre continue*.

Pour combattre la fièvre aiguë et violente, mélangez avec de l'alcool, eau de roses, eau de violettes et de bourrache.

Voici maintenant quelques autres fabrications très utiles et très dynamisées ; elles sont empruntées à *Fioraventi*, célèbre médecin italien.

Fabrication de la pierre philosophale, très utile dans beaucoup de maladies. — Il faut

prendre du salpêtre raffiné (l'azotate de potasse)
de l'alun de roche, du vitriol romain (sulfate
de fer), de chacun une livre. On fait ensuite
dessécher le vitriol dans un pot de terre ; dès
qu'il est sec, on le pile avec les autres substances
et 125 grammes de sel gemme; on distille ensuite à feu moyen en ayant soin de couvrir avec
un linge mouillé les deux cornues. Laisser refroidir, garder à part en une fiole bouchée à l'é-
meri l'eau de distillation. On pile ensuite au
mortier :

Mercure purifié . .	1/4 de litre.
Chaux vive. . . .	100 grammes
Savon noir. . . .	125 —
Cendres.	125 —

On fait distiller à grand feu ; le mercure sort
du récipient en premier lieu ; on l'ôte, et on le
garde dans une bouteille de verre.

La troisième opération consiste à mélanger
ce mercure et la première eau obtenue dans
une cornue de façon qu'elle ne soit pleine qu'au
tiers. Ajoutez limaille de fer 50 grammes et
125 grammes d'or en feuilles ; couvrez prompte-
ment, faites distiller jusqu'à siccité en gardant
l'eau soigneusement. Brisez la cornue, vous
trouverez au fond la pierre calcinée. Il faudra

la mettre en poudre immédiatement et la conserver dans un sac de soie qu'on mettra dans une bouteille bien hermétiquement bouchée.

L'élixir de vie est aussi une liqueur très précieuse qui augmente la force curative de tous les médicaments et est un bon reconstituant, donné seul. En voici la formule :

Clous de girofle.	
Oliban.	
Noix muscade.	
Cannelle.	
Gingembre.	
Graines d'armoise.	
Galangua.	
Poivre blanc.	
Poivre noir.	
Graines de Genièvre.	De chaque 8 grammes.
Écorce de citron.	
» d'orange.	
Sauge.	
Romarin.	
Menthe.	
Marjolaine.	
Roses blanches.	
Bois d'aloès.	
Cardamone.	

Ensuite 1/4 de livre de figues grasses, de dattes, d'amandes fraîches ; ajouter une livre de miel,

4 grammes de musc, 4 livres de sucre ; mettez cela ensemble (en ayant soin d'écraser, au préalable, les substances qui peuvent l'être) dans 5 litres d'eau-de-vie ou mieux de notre quintessence. Laissez infuser vingt jours.

Faites ensuite distiller au bain-marie jusqu'à complète siccité, mettez l'eau du récipient à distiller au soleil sur elle-même dans l'appareil n° 8, pendant deux mois si possible (ou au fourneau à huile).

Les plantes séchées, qui sont restées au fond de l'alambic, contiennent encore une vertu : au bain de cendres et à grand feu, elles donneront une eau rouge qui sentira mauvais et sera troublée. Il faudra aussi la faire circuler sur elle-même au soleil ou dans le fumier de cheval.

La première distillation prise de trois jours en trois jours est préventive de bien des maladies, conserve l'organisme en bon état ; elle guérit très rapidement les plaies ; elle est très bonne également pour beaucoup d'inflammations oculaires dans l'œil malade *matin*, et soir. Elle peut être employée dans beaucoup d'autres cas.

L'eau rouge sang prise par gouttes (4 ou 5 dans un verre d'eau) guérit les douleurs de la matrice et d'entrailles. Elle guérit la puanteur de l'haleine, les douleurs dentaires, etc.

Voici encore un médicament précieux : *l'eau royale;* on prend :

Soufre jaune . . ⎞
Alun de roche. ⎟ de chacun : 1 livre
Sel gemme. . . ⎟
Borax (borate de soude). . 70 grammes

Mêler dans un mortier, piler en poudre fine, distiller au bain de sable d'abord, puis à grand feu jusqu'à siccité. L'eau sort blanche et trouble ; on la filtre et on la met dans une fiole bien bouchée ; on y ajoute 20 centigrammes de musc détrempé dans l'eau de rose ; on laisse refroidir, et le liquide deviendra très clair et de bonne odeur. On peut l'employer pour les plaies, les ulcérations de la bouche, trois ou quatre gouttes dans du bouillon, pour combattre la fièvre.

Voici maintenant la manière de faire une liqueur appelée *beaume.* On sait que les Anciens donnaient ce nom à toutes les résines liquides. Aujourd'hui, on ne nomme ainsi que les substances résineuses qui contiennent de l'acide benzoïque :

Térébenthine fine...	1 livre.
Huile de laurier...	4 onces (125 gr.)
Galanga ...	3 onces (90 gr.)
Gomme arabique...	4 onces (125 gr.)
Oliban...	
Myrrhe...	3 onces (90 gr.)
Bois d'aloès...	
Galangue...	
Clou de girofle...	
Cannelle...	1 once (32 gr.)
Noix muscade...	
Gingembre...	
Musc fin...	3 grammes.
Ambre...	

Piler soigneusement tout cela ensemble. Verser dessus 6 litres de quintessence (on peut naturellement diminuer ces quantités). Laisser reposer pendant 9 jours. Distiller au bain de cendre à toute petite chaleur. Il sortira d'abord une eau blanche, continuant la même chaleur jusqu'à ce qu'une huile noirâtre commence à sortir; changer alors le récipient, augmenter le feu te continuer. Il faut ensuite séparer l'huile de l'eau noire, garder chacune à part. On fait la même opération pour la première eau, et on garde à part.

La première eau blanche est bonne pour les yeux et pour la peau; elle est diurétique, guérit

les plaies et apaise la toux ; l'eau noire guérit la
teigne, la lèpre, toutes sortes de croûtes et d'ulcères. Non corrosive, s'emploie pure. L'huile de
Baulme guérit les plaies de la tête et bien d'autres maladies.

En continuant à explorer le trésor trop dédai-
gné de nos jours de l'ancienne pharmacopée,
nous trouvons la recette suivante qui m'a paru
intéressante:

L'AROMATICUM DE LÉONARD

Prenez 125 grammes de sucre fin en poudre,
1 gr. 30 de musc, de safran, de poudre de coquille d'huître, de bois d'aloès, de cannelle fine,
8 grammes de la pierre philosophale dont nous
avons vu plus haut la fabrication.

Mélangez à l'eau de rose jusqu'à consistance
solide (en tablettes) et gardez pour l'usage dans
une boîte de bois bien fermée. Pour faire les
tablettes (pulvérisez le tout, mêlez à un muci-
lage de gomme quand la pâte est bien liée ; dé-
coupez en tablettes ; faites sécher à l'air libre sur
un tamis et desséchez au four).

Pour s'en servir, on en délaie 4 grammes dans
du bouillon, du vin ou de l'eau ; elle constitue un
vomitif et un purgatif doux.

L'ÉLECTUAIRE ANGÉLIQUE

C'est un bon remède contre la goutte. On en prend de trois jours en trois jours. Il est bon pour la toux, douleurs et fluxion, et se fait ainsi :

Safran..............		
Bois d'aloès.........	}	10 grammes.
Cannelle fine........		
Corail rouge........		
Ellébore noir.... ...	60 grammes.	
Sucre rosat..........	125	—
Musc...............	4	—
Pierre philosophale..	100	—
Quintessence d'alcool	100	—

et miel cuit, ce qu'il en faudra pour réduire le tout à consistance de conserve.

On place dans un pot de terre sur tout petit feu, en remuant sans arrêt; laisser refroidir, et mettre dans un vase en verre.

La dose est de 4 grammes à jeun.

*
* *

L'esquinancie est une affection inflammatoire de l'arrière-bouche, du pharynx, du larynx ou de la trachée-artère; il y en a naturellement un très grand nombre de formes ; inutile de les rappeler ici : les Anciens avaient un curieux remède fait avec une dent de sanglier réduite en poudre. Ils mélangeaient cette poudre à 100 grammes d'huile de graine de lin, et le malade en prenait 4 grammes.

CONTRE LA RÉTENTION D'URINE

Graines d'orange Petits citrons ...	une livre
Mélisse......... Scolopendre .... Asperge	200 grammes
Cresson .... Hysope......... Racine de fenouil. Racine de persil.	200 grammes

Bien écraser dans le mortier avec le jus des citrons, en faire une sorte de pâte liquide ; mettre à distiller dans un alambic (cornue de terre), garder l'eau qui sort dans un vase de verre bouché à l'émeri.

Quand on voudra soigner un malade, il faudra qu'il soit purgé et à la diète pendant un jour. Faire prendre, le lendemain matin, la valeur de 150 grammes de cette eau, chaude, et le soir également. Éviter la viande pendant le traitement.

La recette suivante est une véritable préparation alchimique, c'est un puissant reconstituant :

Il faut piler en un mortier du tartre de vin blanc, de la térébenthine très claire, des feuilles d'aloès, de chacun 1 livre, jusqu'à en faire une pâte que l'on met ensuite à distiller en chauffant progressivement jusqu'à un feu assez fort pour que l'humidité soit entièrement sortie. On remet alors dans la cornue le produit de la distillation, et l'on recommence.

Il faut augmenter le feu à la fin de la distillation, de sorte que les fèces soient bien brûlées et bien sèches. On les retire ensuite pour les piler de nouveau avec l'eau de distillation, et on remet le tout à distiller dans une autre cornue. Il est nécessaire d'avoir beaucoup de patience, car il faut refaire cette opération jusqu'à 15 et 20 fois.

On obtient alors des fèces absolument blanches comme du sel ; on les met sur le marbre à la cave et elles donnent une eau très précieuse et limpide que l'on garde dans un flacon bouché à l'émeri.

C'est l'eau de pierre végétale dont 1 gramme suffit pour produire des résultats merveilleux.

On prend ce médicament à jeun mélangé à un julep simple (sirop de gomme), 60 grammes, ou à du vin sucré.

C'est un excellent remède contre les vers : il modifie le foie, guérit la rate, la toux ; de plus, il est très diurétique.

*
* *

La mercuriale est une plante de la famille des Euphorbiacées (on sait que ce sont des plantes dangereuses, en raison du suc laiteux très caustique qu'elles contiennent). On doit donc la manier avec précautions. Il faut la cueillir au mois de mai. On en prend une assez grande quantité de façon à en avoir le suc, qu'on filtre.

On mélange, dans un vaisseau de verre bien bouché et luté, une demi-livre de ce suc clarifié, 250 grammes de sirop de gomme, 200 grammes de notre quintessence, 8 grammes d'acide sulfurique.

On expose an soleil ou à la chaleur concentrée de notre fourneau à huile, pendant qua-

rante jours. Si on le met au soleil, il faut le
rentrer la nuit,

Prendre 5 à 6 gouttes dans du bouillon, quatre heures avant de manger pendant deux mois.

AUTRE RECETTE D'OR POTABLE ET MANIÈRE
DE S'EN SERVIR

On prend 100 grammes d'or en feuilles, qu'on
glisse dans quatre ouvertures faites dans une
poule grasse encore chaude ; on met la poule
ainsi préparée dans une marmite de terre
épaisse, dans un endroit tiède pendant trente-
six heures. L'or sera dissous par ce simple
procédé. On distillera ensuite trois ou quatre
fois de l'eau de miel, et on en lavera avec soin la
poule, enlevant ainsi tout l'or. Si l'on obtient,
par exemple, 1 litre d'eau dorée, il faut y ajouter 1 litre de quintessence d'alcool et 4 grammes
de sel ammoniac. On met ensuite à circuler dans
un grand ballon à long col d'une contenance
double, sur le bain de sable avec gaz au bleu,
ou sur notre fourneau à huile, pendant trois
mois. Tous les mois il faudra écumer la surface
du liquide gardé dans une fiole de verre bouchée à l'émeri. Au bout des trois mois, distillez

ce qui restera dans la cornue au bain de sable,
après y avoir versé un demi-litre d'eau-de-vie
fine. Chauffer plus fort et tout ce qui passera, mé-
langez-le à ce que vous aurez retiré, et mis à
part. Distillez au bain-marie, et remettez circuler encore vingt-cinq jours. Cette préparation
est longue, mais elle n'est ni coûteuse ni très
difficile.

On administre 4 grammes de cet élixir dans
30 grammes de sirop de violette, ou tout
autre sirop, au choix, également dans du thé,
du café ou du chocolat. Il trouve son emploi
dans les syncopes, les accouchements difficiles,
les apoplexies, après un traumatisme, pour
combattre les convulsions des enfants, etc.

EAU DISTILLÉE DE MIEL

On met dans une cornue munie de son récipient et d'une contenance de 4 litres, une livre
de miel le meilleur possible. On recouvre avec
un linge mouillé et on chauffe modérément au
bain de sable. Il distille des vapeurs blanches
qui se convertissent en eau rouge sang, on
met cette eau dans une fiole bien bouchée, et
on laisse reposer. Elle se clarifie et prend une

couleur rubis. On la redistille alors six ou sept fois, et elle devient de couleur d'or. Cette quintessence a une très bonne odeur et dissout l'or. Si on en donne une vingtaine de gouttes à un malade très affaibli, il reprend très rapidement ses forces. On guérit aussi, avec cette eau, les plaies, les ulcères, la toux, la paralysie.

HUILE EXCELLENTE
POUR GUÉRIR LES PLAIES DE LA TÊTE, FAIRE REPOUSSER LES CHEVEUX ET LA BARBE ET CONTRE LA RÉTENTION D'URINE

Prenez :

Blancs d'œufs durs........	400 gr.
Térébenthine claire	450 gr.
Myrrhe..................	100 gr.

Mélangez bien, mettez à distiller à tout petit feu, et augmentez peu à peu, jusqu'à ce que tout ce qui pourra passer sorte. Il y aura une substance huileuse, dans le récipient, mélangée à de l'eau. Séparez l'huile et conservez-la dans une fiole de verre.

EAU POUR CONSERVER LA VUE ET NETTOYER LES TACHES DES YEUX

Prenez 6 litres de vin blanc, 2 livres de mie de pain bien levée, 125 grammes de chélidoine, de fenouil, d'amandes de pin, 16 grammes de girofles. Distillez dans une cornue munie de son récipient assez longtemps pour obtenir au moins 2 litres d'une eau qu'il faudra garder soigneusement. Si on veut qu'elle ait plus de vertu, on la fera circuler sur elle-même pendant plusieurs jours.

HUILE DES PHILOSOPHES (TÉRÉBENTHINE ET CIRE)

Cette huile est un baume de très grande vertu, car elle est faite de deux matériaux presque incorruptibles. Il faut mettre à distiller, en lutant soigneusement :

Térébenthine claire...... .	500 gr.
Cire jaune odorante......	450 gr.
Cendres de sarment de vigne.................	150 gr.

Il faut donner assez de feu pour que tout
sorte ; on verra alors la cire coagulée sur le col
de la cornue. Faire ensuite circuler et conserver
dans un vaisseau de verre, très bien bouché.
En s'en frottant tout le corps une fois par mois,
on enlève toute fatigue, et on conserve longtemps la souplesse de la jeunesse. Cette eau
guérit les plaies rapidement. Les rétentions
d'urine les plus fortes cèdent immédiatement
en en prenant 8 grammes, ainsi que les toux
opiniâtres. Il faudrait en avoir toujours avec
soi, tellement elle peut être utile.

LA GRANDE LIQUEUR DE LÉONARD

Pour composer ce précieux remède, il faut
beaucoup de temps et de soin.

Mélangez 10 litres d'huile commune et 1 litre
de vin blanc. Faites bouillir ensuite jusqu'à ce
que le vin soit évaporé. Mettez l'huile ainsi
préparée dans un pot de terre. Enterrez le pot
dans la cave ou au jardin, si possible pendant
six mois, à une profondeur de 2 mètres, après
y avoir ajouté 3 livres de fleurs de romarin,
200 grammes de bois d'aloès, 300 grammes
de gomme arabique (Bdellium). — Si possible

enterrez-le au commencement d'août pour le déterrer en février.

Sitôt sorti de terre, ouvrez le vase, ajoutez une poignée de sauge, romarin, rue, millefeuil, racines de grande consoude, 30 grammes de galanga, girofles, noix muscade, safran, 60 grammes de mastic ; sang de dragon, 250 grammes d'aloès hépatique et de mie de pain, une demi-livre de cire jaune et de poix grecque, 4 grammes de musc. Mélangez bien et faites bouillir au bain-marie jusqu'à ce que les plantes soient bien desséchées. Retirez, ajoutez 10 grammes du baume décrit plus haut, passez dans un linge fin, filtrez et conservez dans une fiole bien bouchée. Cette liqueur guérit l'hydropisie, la fièvre hectique (fièvre qui se déclare dans la dernière période des maladies organiques) : la dose est 10 grammes le matin à jeun dans une boisson chaude, pendant quarante jours. Avec cette liqueur, employée chaude, en pansement, on guérit rapidement les plaies, la teigne, le rhume de cerveau, les catharres. Elle est diurétique, fait croître les cheveux, etc.

HUILE DE MYRRHE (PRODUIT DE BEAUTÉ)

Prenez 180 grammes de myrrhe choisie et mettez-les dans 400 grammes de notre quintes-

sence d'alcool, et faites circuler dans le ballon
à long col ou l'appareil (*fig 8*). Distillez ensuite au bain de sable jusqu'à ce que toute l'eau
passe. Il restera au fond de la cornue une huile
qu'on filtrera au linge. Pour s'en servir, exposer le visage et les mains à la vapeur d'eau
d'ortie et enduire avec l'huile de myrrhe. On
pourra aussi guérir des maux d'oreilles avec un
peu de coton imbibé de ce remède.

ÉLECTUAIRE DE SOUFRE

Incorporez *sans feu* : 1 livre de soufre en
poudre, 16 grammes de cannelle, 1 de safran,
8 grammes de gingembre, 7 centigrammes de
musc que l'on aura fait infuser dans l'eau de
rose, autant de bon miel que nécessaire. Garder
dans un endroit sec.

On en prend le matin à jeun 3 ou 4 grammes.
Ce remède dessèche les boutons, est diurétique,
dissout la pierre, guérit la toux et excite l'appétit.

Je terminerai ces quelques recettes curieuses
et bien oubliées de nos jours, par une ou deux
préparations tirées de Lémery, préparations si
connues et si célèbres dans le passé, que mon
travail ne serait pas complet sans elles. Je

veux parler de la fameuse Eau de la Reine de Hongrie et des remèdes à base de cornes de cerf que certains renseignements sûrs me permettent d'affirmer excellents.

EAU DE LA REINE DE HONGRIE

Pour faire cette eau célèbre, on remplit à moitié une grande cornue avec récipient, de fleurs de romarins putréfiées ; on verse de notre quintessence sur les fleurs de façon à les recouvrir ; puis, on fait digérer doucement au fourneau à huile pendant trois jours sans déluter les cornues ; on verse ce qui aura pu passer, du récipient dans la cornue, on augmente le feu et on distille plus vivement jusqu'à ce qu'on ait retiré environ les deux tiers ; on trouvera alors une excellente liqueur qu'on conservera dans une fiole bien bouchée.

Ce remède donne d'excellents résultats dans les palpitations, la paralysie, l'apoplexie, les syncopes, les maladies nerveuses, et extérieurement pour les brûlures, les contusions, etc.

PRÉPARATIONS A BASE DE CORNE DE CERF

Ces cornes, râpées, étaient employées en poudre, dans des tisanes, pour guérir les diarrhées, les vers, les crachements de sang. On préparait aussi des gelées, en faisant bouillir très longtemps dans l'eau.

L'eau de corne de cerf est ainsi faite : on choisit des cornes tendres qui croissent au printemps, on les coupe par tranches minces, on les met dans une cornue à récipient, on lute avec soin et on distille tout ce qui peut passer de liquide. Il faut employer le bain-marie ou la vapeur.

Il faut mettre en digestion cette eau avec un peu de cannelle, d'écorces d'oranges et de vin blanc. Après une digestion de deux ou trois jours, distiller le tout à faible chaleur, qu'on augmentera vers la fin.

CHAPITRE IX

LISTE DES PRINCIPALES PLANTES
CLASSÉES PAR COMPLEXION

On sait que du chaos primordial sont nés quatre éléments ou principes dont l'interaction produisit sur notre terre les germes de tous les corps. Les Anciens admettaient que quatre éléments se trouvaient unis en l'homme et formaient les quatre tempéraments ou complexions : feu, air, eau, terre, — bilieux, sanguin, lymphatique, nerveux.

Chaque tempérament étant sujet à des maladies particulières, on avait classé ces dernières d'après les mêmes principes. Il y avait donc des maladies de feu, de l'air, de l'eau et de la terre, participant aux quatre qualités élémentaires : le chaud, le froid, l'humide, le sec, chaque élément ayant sa qualité propre, plus une qualité empruntée à l'élément voisin.

Les maladies de feu étaient donc : chaude-sèche,
—   de l'air   —   chaude-humide,
—   de l'eau   —   froide-humide,
—   de la terre   —   froide-sèche,

D'après O. Ferrier, voici quelles étaient les maladies les plus fréquentes dans chaque tempérament :

PLANÈTES	ÉLÉMENTS	TEMPÉRAMENT	MALADIES
Saturne	Terre et eau	Lymphatique nerveux	Froides, sèches ou humides. Voies respiratoires, lèpre, diarrhée hernale, sciatique, neurasthénie ophtalmie.
Jupiter	Air	Sanguin pur	Chaude-humides. Pleurésie, convulsions, apoplexie, phlegmons, maladie du sang et de la peau, insomnies.
Mars et Soleil	Feu	Bilieux pur	Chaudes-sèches. Fièvres continues, maladies épidémiques, migraines, pustules, furoncles, jaunisse, dysenterie, néphrite.
Vénus	Air et feu	Sanguin lymphatique	Humides-chaudes-froides. Fistules, faiblesse d'estomac, des reins, impuissance, syphilis.
Mercure	Eau et terre	Lymphatique nerveux	Froides-humides ou sèches. Vertiges, paralysie de la langue, phtisie, ulcères des jambes et des pieds, constipation.
Lune	Eau	Lymphatique pur	Hydropisie, podagre, paralysie, catarrhe, tremblement des membres, vomissement, pauvreté du sang, vers, fistules.

Pour soigner les maladies, on usait de plantes
de qualités opposées : contre les maladies
chaudes, des plantes froides, contre les maladies humides ; des plantes sèches, etc.

Voici, d'après Rupe Scissa, une liste très complète de plantes classées suivant leurs qualités
élémentaires. Il faudra en tirer la quintessence
et la mêler à l'alcool. On consultera avec
fruit, pour compléter ces notions, le beau
travail de Sédir sur les plantes magiques.

PLANTES CHAUDES

Bourrache, fumeterre, guimauve, aigre-
moine, camomille, coriandre, cuscute, basilic.

Graines : semence de guimauve, de trèfle, de
rue.

Fleurs : cresson, safran, camomille.

Racines : glaïeul, aristoloche.

Fruits : mûres (qui ne soient plus vertes),
amandes douces, olives, figues, châ-
taignes, avelines, écorces, citrons.

Feuilles : laurier, girofles.

Graines : froment, pois blancs.

Gommes : musc.

Herbes : rue sauvage, cresson.

**
* *

PLANTES FROIDES

Herbes : rave, raifort, mercuriale, oseille,
choux, mauve, endive, rhubarbe,
pourpier.

Semences : mauve, plantin, roses, endives,
melon.

Fleurs : roses, amandes, violette, citron, saule.

Feuilles : myrte.

Fruits : glands, chair de citron, olives, prunes
vertes, coings, poires, cerises, man-
dragores.

Grains : orge, millet, myrte.

Sucs : la casse, vinaigre, camphre, sang de
dragon.

**
* *

PLANTES SÈCHES

Herbes : Camomille, joubarbe, fenouil, chou,
quintefeuille, menthe sauvage, mo-
relle, cardamine, poireau, safran,
œillets, lavande.

Semences : persil, carotte sauvage, coriandre,
         basilique, endive, citron, melon,
         cardamine, ache.

Fleurs : roses, safran de jardin, concombre,
         myrte, grenade, asphodèle.

Racines : ache, persil, fenouil, câprier, grena-
         dier, glaïeul de rivière, arum, aris-
         toloche, basilic, sauge, plantin, pi-
         voine, centaurée.

Bois : rhubarbe, aloès.

Feuilles : saule, myrte, serpentine, tamarin,
         laurier, olivier, coloquinte, citron,
         menthe.

Fruits : amande amère, citron, mûres vertes,
         coings, poires, châtaignes, pommes
         de pin.

Graines : millet, épine-vinette, myrte.

Gommes-sucs : encens, aloès, myrte, miel,
         ammoniaque.

*   *
*

PLANTES HUMIDES

Semences : guimauve, arroche, mercuriale.

Fleurs : fèves, nénuphar.

Racines : jonc.

Bois : réglisse.

Fruits : mûres (qui soient mûres), raisins mûrs, prunes, dattes, cerises, noix.

Graines : fèves vertes, poivre, pois blancs.

Gommes : gomme arabique.

Herbes : guimauve, laitue commune, pourpier.

CONCLUSION

Me voici parvenu au terme de mon travail.—
Ai je atteint le but que je m'étais fixé? Au lecteur de le dire.

J'ose cependant espérer que, s'il a bien compris les principes longuement développés dans
les premiers chapitres, s'il sait se contenter du
peu que je lui offre, être patient et calme, il re-
cueillera bientôt le prix de ses peines et réus-
sira à fabriquer des élixirs très puissants qu'il
ne trouverait nulle part à notre époque.

Lorsqu'il aura vaincu les premières difficultés matérielles, il ressentira bien vite les char-
mes des travaux de laboratoire et se passionnera
j'en suis sûr, pour son œuvre.

Avec quel plaisir ne suivra-t-il pas les transformations des substances placées dans ses
cornues ? Et lorsqu'il verra quelques gouttes de
ses quintessences ramener la santé, avec une
rapidité merveilleuse, chez des pauvres mala-
des, il oubliera vite ses premières déceptions

et ne songera qu'à essayer de nouvelles formules pour faire plus de bien encore, Je ne
me dissimule aucunement les imperfections de
ces quelques notes; elles n'ont d'ailleurs aucune
prétention, et leur seul mérite est, je pense,
d'être claires, simples et à la portée de tous. Telles
qu'elles sont, elles pourront faciliter les com-
mencements des étudiants qui seraient attirés
vers les réalisations de l'art spagyrique : c'est
là mon seul espoir et mon seul but.

Beaucoup d'amis et des Maîtres m'ont aidé
de leurs bienveillants conseils au cours de mon
travail, je leur en adresse ici tous mes remerciements.

G. PHANEG.

Juillet-novembre 1911.

NOTE

SUR LA PRÉPARATION MODERNE
DES QUINTESSENCES ANIMALES

L'opothérapie utilise, pour la fabrication de la néphritine, les reins de mouton ou de porc; pour la thyroïdine, les glandes thyroïdes du mouton. Pour *l'adrénaline*, les glandes surrénales du mouton. Les glandes sont mises à macérer à l'abri de l'air dans de l'eau distillée, à 40°. On sépare après quelques heures de digestion le liquide par expression, et on le concentre jusqu'à consistance sirupeuse. On reprend par l'alcool à 95°, on filtre et on concentre à nouveau jusqu'à consistance voulue. Pour la thyroïdine les glandes fraîches, — crues ou légèrement grillées, — sont passées à l'éther pour les dégraisser et baignées dans l'alcool à 95°. Le liquide est ensuite desséché, filtré, dans le vide à basse température ; on réduit enfin l'extrait en poudre qui peut se mêler au bouillon, au lait ou s'introduire dans des pastilles.

TABLE DES MATIÈRES

TABLE ANALYTIQUE DES MATIÈRES

TOURS, IMPRIMERIE E. MENARD ET Cie

www.ingramcontent.com/pod-product-compliance
Lightning Source LLC
Chambersburg PA
CBHW070352090426
42733CB00009B/1391